第一章　運動の具体的展開

〝平和への道〟を進もう――谷口雅宣　8
〝新しい文明〟とは何か？――谷口雅宣　16
「悪を認めない」という意味――谷口雅宣　102
原子力エネルギーの利用をやめよう――谷口雅宣　122
人はなぜ生きる――谷口純子　130
生活の芯――谷口純子　137
太陽を仰ぐ――谷口純子　144
地球を救う買い物――谷口純子　151

〃新しい文明〃を築こう

中巻　実践篇「運動の具体的展開」

―目　次―

生長の家会員必携

〝新しい文明〟を築こう

中巻　実践篇「運動の具体的展開」

監修　谷口雅宣

第二章　祭式・儀礼の方法（日本での場合）

〝造化の三神〟の祭祀について　158
招神歌　177
光明思念の歌（大調和の歌）　181
神想観のやり方　184
基本的神想観　205
神を讃える神想観　208
四無量心を行ずる神想観　211
如意宝珠観　214
浄円月観　217

和解の神想観 219
最も簡単で本質的な神想観 220
世界平和の祈り 221
浄心行実修法 222
祈り合いの神想観実修法 234
実相円満誦行実修法 244
祖先供養及び霊魂祭祀の方法（要項） 248
参考文献 253

凡例

一、本書に収録した文章の原文には、正漢字・歴史的仮名遣《かなづか》いを用いた文章が含《ふく》まれていた。本書収録に際し、これらは原則として常用漢字・現代仮名遣いに改めた。ただし、書名に関しては正漢字のものはそのままとした。

一、振《ふ》り仮名の振り方は、原則として原文の振り仮名を踏襲《とうしゅう》したが、表記は現代仮名遣いに統一し、文章のバランスや読みやすさを考慮《こうりょ》して振り仮名の数を調整した。

一、原文には、注釈《ちゅうしゃく》なしで意味がとれるように特殊《とくしゅ》の読み方をした振り仮名もあったが、その場合はすべて原文を尊重した。

ブックデザイン　黒野真吾

第一章

運動の具体的展開

〝平和への道〟を進もう

（二〇二〇年　新年の挨拶）

谷口雅宣

皆《みな》さん、明けましておめでとうございます。この新しい年を皆さんと共につつがなく迎《むか》えることができたことを、神さまに心から感謝申し上げます。有難うございます。

一昨年、日本では三月までの豪雪《ごうせつ》、六月には大阪府北部地震《じしん》、七月には西日本豪雨《ごうう》、九月には北海道胆振《いぶり》東部地震がありました。また、昨年八月には九州北部豪雨があり、続けて台風十五号（Faxai）により千葉県で長期にわたる大規模停電があり、十月には台風十九号（Hagibis）による関東・長野・東北地方の大水害など昨今、日本では大きな災害が増加しつつあります。

世界全体でも、気候変動による深刻な被害《ひがい》は拡がっています。昨年夏には、熱波がヨーロッパを襲《おそ》い、フランスでは摂氏《せっし》四六度、ドイツでは四二・六度まで気温が上昇《じょうしょう》しました。洪水《こうずい》は日本だけでなく、南米のアルゼンチンやウルグアイでも起こりました。その他、アメリカのカリフォルニア州では長期にわたり山火事が続き、多くの人々《ひとびと》が大切な家を失いました。南半球のオーストラリアでも干魃《かんばつ》が続く中、森林火災が拡大し、昨年九月から十二月上旬《じょうじゅん》までの延焼面積は、前年の十倍を超《こ》える二〇〇万ヘクタールを上回るといいます。この広さは、日本の四国全体を超える面積です。[1]

これらの異常気象を念頭に、国連の世界気象機関（ＷＭＯ）は、昨年十一月に、地球温暖化の原因である二酸化炭素の世界平均濃度《のうど》が二〇一八年に、観測史上最も高い数値（四〇七・八 ppm）を示したと発表し、二〇一九年の統計が出れば、濃度はさらに上がるのはほぼ確実との見解を示しました。[2] 記者会見したタ―ラス事務局長は、「このまま平均濃度《のうど》が上昇《じょうしょう》し続ければ、次世代は気温のさらなる上昇や水不足、それに海面上昇など、より深刻な気候変動の影響《えいきょう》を受けることになる」と警告しました。

この会見で私が注目したのは、「百年に一度起こるような極端《きょくたん》な熱波や洪水《こうずい》が、今後はもっと定期的に起こる」という指摘《してき》です。日本の気象庁は、「数十年に一度」の極端な気象が起こる可能性が高い時に「特別警報」を出すのですが、この「数十年に一度」という表現では、今後の気象変動の深刻さを正確には伝えないと、私は思います。なぜなら、「数十年に一度」の危険を経験した人は、同じリスクはまた数十年後にやってくると考えるからです。しかし本当は、これまで「数十年に一度」しか起こらなかったことが、今後はもっと頻繁《ひんぱん》に起こることを覚悟《かくご》して、私たちは生きていかねばならないのです。

生長の家では、このような未曾有《みぞう》の気候変動に対処するために、二〇一三年に大都市・東京から八ヶ岳《やつがたけ》南麓《なんろく》の〝森の中〟に国際本部を移転し、二〇一一年の東日本大震災《しんさい》により福島第一原発の事故から学んで、再生可能の自然エネルギーだけで業務を遂行《すいこう》する〝炭素ゼロ〟の目標を掲《かか》げました。そして現在、それを実現しただけではなく、昨年末には、大容量の蓄電池《ちくでんち》をオフィスに増設したことで、外部から電力の供給を受けない〝オフグリッド〟のシステムを構築しました。[3] 実際の運用はこの春からですが、これによって私たちは温室効果ガスを排出《はいしゅつ》することなく業務を遂行し、職員も普通《ふつう》に生活し、さらに今後の災害発生時には、自立したエネルギーによって業務を継続《けいぞく》できるだけでなく、地域への貢献《こうけん》も可能になると考えています。

これらの行動は、〝新しい文明〟を構築する基礎《きそ》作りの第一歩です。地球温暖化による気候変動は今、私たちの目の前で現実に、激しさを増しながら展開しています。それなのに何もしないというのは、神が私たちに与《あた》えてくださった理性を使わず、私たちの祖先が営々《えいえい》と築き上げてきた科学技術を無視し、世界の多くの宗教が声をそろえて説き、実践《じっせん》を勧《すす》めてきた、他を慮《おもんぱか》る心、愛の心、慈悲《じひ》の心を否定することです。

今、世界中で、気候変動の影響《えいきょう》によって伝統的な作物が育たなくなり、漁場が失われ、干魃《かんばつ》あるいは大洪水《こうずい》、山火事や土壌《どじょう》の流出などで、食糧《しょくりょう》不足、水不足が起こっています。そんな中で世界人口は七十六億人に膨《ふく》れ上がり、まもなく九十億人に達するでしょう。経済的に〝豊かな〟国と〝貧しい〟国との格差は拡大を続け、同じ国の中でも経済的に〝豊かな〟人と〝貧しい〟人との格差が拡がっています。貧富の差の拡大は、社会に対して様々《さまざま》な悪《あく》影響を与えます。その中の一つは、〝貧しい側〟に置かれた大多数の人々《ひとびと》が、社会を顧《かえり》みなくなることです。社会を呪《のろ》い、秩序《ちつじょ》を乱したり、破壊《はかい》活動に向かう傾向《けいこう》が増大します。これは一国の中だけでなく、国と国との関係の中でも起こります。私たちはそれを、テロや国際紛争《ふんそう》の拡大の形で目撃《もくげき》しているのです。

しかし、私たちにはまだできることが数多く残っています。化石燃料の使用をやめること。自然破壊《はかい》をやめることができます。都会の安易な便利さを追求するのではなく、自然をよく知り、自然との接触《せっしょく》を深め、自然と共存する生き方を進めることは可能です。それは苦しいものではなく、厳しくても楽しいものです。生長の家は、すでにそれを全国で始めています。そして、その生き方を拡大していくことが貧富の差の拡大を防ぎ、人間同士のつながりを深め、テロや紛争を防止することにつながると信じます。

しかし、この生き方への転換《てんかん》には、条件が一つ必要です。それは人口が密集し、物が豊富でインフラが整った都市生活の便利さを、ある程度諦《あきら》めることです。

「そんなことはできない」と皆《みな》さんは思われますか？

価値観とライフスタイルを変えて、自然と共に生きる道を選ぶか、それとも価値観もライフスタイルも変えず、物と便利さをさらに追求し、エネルギーを大量消費する生き方を続けながら、殺伐《さつばつ》とした都会で競争に明け暮れ、増加する自然災害に堪《た》える一方、軍備を拡大して、資源やエネルギー獲得《かくとく》のために他国と争う生き方を選びますか？

私は皆《みな》さんが、後者を選択《せんたく》せずに、前者を選択されることを心から望みます。その「選択の年」が今年です。生長の家は「プロジェクト型組織」という新しい組織を作って、その活動に参加することで、普通《ふつう》の人たちが日常生活の中で、自然と共に生きるノウハウを得、それをライフスタイルにまで築いていく運動を始めています。皆さん、どうかこの運動に参加し、さらに多くの人々《ひとびと》をお誘《さそ》いして、新しい価値観とライフスタイルを拡大していきましょう。欲望充足《じゅうそく》を追求する道は〝戦争への道〟ですが、自然と共に生きる道は〝平和への道〟です。

勇気と喜びをもって〝平和への道〟を歩んで参りましょう。本年もどうぞよろしくお願い申し上げます。

〈注〉

出典は、『生長の家』二〇二〇年一月号、四〜九頁から。

1　オーストラリアの森林火災はその後、二〇二〇年二月には延焼面積一二〇〇万ヘクタールを超え、日本の面積の約六割に達した。オーストラリア東部ニューサウスウェールズ州の消防当局が森林火災の鎮火を宣言したのは、三月になってからだった。

2　観測技術衛星「いぶき」（GOSAT）のデータに基づくと、二〇二〇年四月の二酸化炭素の平均濃度は四一一・三ppmだった。

3　〝森の中のオフィス〟のオフグリッド化は、二〇二〇年三月に完了。同年四月からは、敷地の太陽光発電と木質バイオマス発電の電力だけでオフィスと職員の交通手段を運用している。

〝新しい文明〟とは何か？

（二〇一五年四月の白鳩会全国幹部研鑽《けんさん》会、相愛会・栄える会合同全国幹部研鑽会、青年会全国大会での講話をまとめたもの）

谷口雅宣

皆《みな》さん、ありがとうございます。（拍手《はくしゅ》）

それでは、私に与《あた》えられている時間は一時間ということなので、ゆっくりとリラックスして聞いてください。今日は先ほどから食事の話がいろいろ出ています。また、午前中からいろんな方面から発表が行われておりますが、私の話は「食事」からぐっと拡げまして、「文明」の話をしたいのであります。食事は文明の重要な一部でもあります。

文明とは何か？

私たちは毎日の生活をほぼ一定のパターンで行い、それを繰《く》り返し、そういう個人の生活パターンが積み重なることによって、その総和として社会も一定の大きな流れを生み出しています。あるものは――例えば、米は、石油は、材木は、一定のパターンで動いたり、加工されたり、消費される。また、ある出来事が一定のパターンで起こる。それらは季節の移り変わりと関連していたり、あるいは宗教の信仰《しんこう》と関係していたりする。そういう一つの社会の生産、流通、消費などを巻き込《こ》んだ一定のパターンは、地球上の別の場所の、別の時代の社会で繰り返されるパターンとは明確に違《ちが》うことがある。そんな特徴《とくちょう》がある場合、それを「文明」と呼ぶことがあります。

「文明」の意味には、いろんな説があります。私は今回の講話のためにいろいろの辞書を引いてみましたが、「文明」という語の意味は一定していないのですね。

例えば『世界大百科事典』(平凡社)では、文明(civilization)の語源がラテン語の「*civis*(市民)」や「*civitas*(都市)」であることから、文明とは「とくに都市の文化をさすことが多い」などと説明し、「文化」と「文明」を本質的に同じものと捉《とら》えています。古典的な定義は、「文化または文明とは、知識、信仰《しんこう》、芸術、道徳、法律、慣習その他、社会の成員としての人間によって獲得《かくとく》されたあらゆる能力や慣習の複合体である」というもので、〝人類学の父〟とも呼ばれるE・B・タイラー(Edward Burnett Tylor, 1832-1917)によるものです。

このように文明と文化を同一視する考えがある一方で、二つを使い分けることも、これまでなされてきたようです。その場合、「文化」というのは、例えば芸術であるとか、輪島塗《ぬり》のような工芸であるとか、宗教であるとか、ある時代、ある地域の人間の主として精神性を表したものを意味し、それに対し「文明」は、もっと物質的、即物《そくぶつ》的な方面――例えば、何を食べるとか、何を基本的資源としたかとか、どんな乗り物に乗るとか、どんな建物の中で生活するかというようなことに視点を置いた人間の生活様式のことを意味します。時間的、地域的に他と区別できる人間の集団に注目し、その集団の精神的特徴《とくちょう》を表すものを「文化」と呼び、物質的な生活様式を「文明」と呼ぶ——そんな使い分けが行われてきたようであります。生長の家では昔、谷口雅春先生の時代には、西洋的な生活様式やものの考え方を「物質文明」とか「西洋文明」と呼び、それに対比して東洋的な思想や生き方を「精神文化」とか「東洋文化」と呼んでいました。

しかし、人間の心と、その心が動くことによって利用されたり消費される資源・エネルギーや道具、心が作り上げる建物やインフラ、あるいは会社や国家——そういうものは皆《みな》、相互《そうご》に密接につながって、全体として一つの文明を構成していると考えられます。ですから、諸要素の間に共通したものの考え方があるはずで、精神的と物質的要素は截然《せつぜん》と分離《ぶんり》することはできないでしょう。その共通点を含《ふく》め、私は先ほど「パターン」と呼んだのであります。

文明についての著作で近年注目されたのはハーバード大学の政治学者、サミュエル・ハンチントン教授の『文明の衝突《しょうとつ》』[1]で、その中でハンチントン教授は「文明は最も範囲《はんい》の広い文化的なまとまりである」とし、「文明は人を文化的に分類する最上位の範疇《はんちゅう》であり、（中略）文明の輪郭《りんかく》を定めているのは、言語、歴史、宗教、生活習慣、社会制度のような共通した客観的な要素と、人びとの主観的な自己認識の両方である」[2]と書いています。

文明というのは、先ほど紹介《しょうかい》した定義からも分かるように、その中に知識や信《しん》仰《こう》、芸術、道徳、法律、慣習などいろいろな要素を含《ふく》んでいて、それらの要素の間に相互《そうご》に連関がある。そこで、そういう要素の一つが変わると、その変化が別の要素にも波及《はきゅう》することがあるわけです。新しい知識から新しい技術が生まれ、その技術によって得られた知見から新しいものの考え方が生まれ、さらにそれが宗教の信仰《しんこう》にも波及《はきゅう》するなどということがある。ヨーロッパでは、世の中の考え方の趨勢《すうせい》が天動説から地動説に変わるに際しては、天文学の観測機器の発達や印刷技術の普及《ふきゅう》が重要な役割を果たしたと考えられます。

技術が文明を変える

特に印刷の技術は、もっと大きな変化の要因にもなりました。グーテンベルク[3]は印刷機を考案した。新しい技術が生まれたということです。そうしますと、それまでは書物は「書き写す」ということでしか他に伝わらなかったものが、短期間で何百部、何千部と出回るようになりますから、多くの人に伝わる。これが原因の一つになって、ヨーロッパでは宗教改革[4]が起こりました。そういうふうにして、知識や技術のレベルの変化が、やがて人間の意識に変化をもたらし、それが社会の力関係を変えたり、政府を転覆《てんぷく》したり、時代を変えたりすることが起こり得るのです。そういう一連のものの考え方が別のものに変わっていくことによって、我々《われわれ》の生活そのものが――ライフスタイルや生活態度、価値観や教育などが変わっていき、同時並行的に物質的・物理的環境《かんきょう》も変わっていくことがあるのです。

そういう例の一つとして、先ほど触《ふ》れた宗教改革について、もう少し見てみましょう。

ヨーロッパの宗教改革の引き金を引いたと言われているルターの『九十五カ条論題』[5]が発表されたのは一五一七年でしたが、それに半世紀以上先立って、グーテンベルクは一四五五年に『四十二行聖書』を印刷しています。聖書はそれまで高価な羊皮紙《ようひし》[6]に書写されていたから、多くの人々《ひとびと》が読む機会はなかったのです。そこへ紙を製造する技術が伝わって、一一五〇年ごろにスペインにヨーロッパ初の製紙工場ができました。ドイツ初の製紙工場は一三九〇年です。[7]これらの技術的進歩があったおかげで本の値段[8]が下がり、木版画や銅版画が生まれ、大衆レベルでの聖書の学習や集団読書[9]などが可能となり、宗教改革の大きな力となったと考えられます。

ご存じのように、宗教改革を達成したプロテスタントの考え方は、神と信仰《しんこう》者とを結びつけるものは「聖書のみ」だというものです。カトリックでは、その間に教会組織が介在《かいざい》していたのを、プロテスタントは〝余計なもの〟として排除《はいじょ》しようとしました。この運動が成功するためには、聖書を一般《いっぱん》の人々《ひとびと》が手にすることができなければならず、その条件を「印刷」という技術革新が用意したのです。宗教と政治が密接につながっていた当時の社会では、宗教改革は国家体制の変更《へんこう》をも意味します。こうしてヨーロッパ諸国のいくつかは従来の教会組織から離《はな》れ、多くのキリスト教信者たちは「信仰の自由」を求め、古い支配体制から逃《のが》れるために新大陸を目指しました。そんな動きの中から、アメリカ合衆国が生まれたのです。

文明は滅《ほろ》びる

私たちは高校か中学の歴史の時間に、たぶんエジプト文明、黄河文明、メソポタミア文明、インダス文明、マヤ文明……などというのを、やや抽象《ちゅうしょう》的に学びました。しかし、それは今、どこにあるのかといえば、もう世界のどこにも存在しないのです。どこへ行っちゃったのですか？　こう考えると、文明というものは生まれて、ある時間繁栄《はんえい》して、そして最後にはなくなってしまう場合もあるということに気づくのであります。では現在、私たちが恩恵《おんけい》を受けている文明はどんな文明で、永続性はあるのでしょうか？　もし永続しないならば、いつなくなるのでしょうか？　どう思いますか、皆《みな》さん？　私は、現代の文明は今、崩壊《ほうかい》しかかっていると考えています。地下資源を基盤《きばん》としたこの文明は崩壊しかかっているから、〝新しい文明〟を私たちがつくり出さないかぎり、人類は危機に瀕《ひん》することになる。

文明とは？

知識・技術のレベル
意識（宗教・政治・経済）
生活態度（ライフスタイル）
物質・物理的環境

図1

この「文明」の意味について、さきほど申し上げたことを含《ふく》め、私なりの考えで図にまとめました（図1）。この図によると、文明を構成する要素は大別して四つある。それらは、対象となる一団の人間の「知識や技術のレベル」、その人たちの「意識」と、そこから生まれた宗教、政治、経済などの社会の諸制度、人々《ひとびと》の「生活態度」、そしてその一団の人間が居住する場所の「物質・物理的環境《かんきょう》」の四つです。これらの要素は相互《そうご》に密接に関連していますが、時間的にはおおむね図の上方から下方向へと影響《えいきょう》力を及《およ》ぼすことが多い。もっと具体的に言うと、私たちの知識や技術が変化していくにつれて心の変化が起こる。それに伴《ともな》って社会制度が変わり、人々のライフスタイルも変化する。そして、それらの総合的な結果として、人々《ひとびと》が居住する場所が物理的にも変化する。これは例えば、都市化の影響《えいきょう》で山が崩《くず》され、橋が渡《わた》され、トンネルが掘《ほ》られ、飛行場が建設され、大気中の二酸化炭素が増加する……などの変化のことです。

現代の文明変革の力となり得る技術として分かりやすいのは、インターネットです。この技術が新しい知識や意識をもたらさないでしょうか？　皆《みな》さん、インターネットを使うと何が分かりますか？　地球の裏側で何が起こっているかがリアルタイムで分かるし、今、整備されつつある翻訳《ほんやく》機能も使えば、見知らぬ外国人との会話さえできる。そんなことは、江戸《えど》時代には想像もできなかった。ですから当時の人々は、地球の裏側の人のことに対して何の興味もなかったし、だいたい自分たちと同等、あるいは自分たちを上回る文明があるとも思わなかったのです。しかし今は、日常的に、地球上の様々《さまざま》な国の人々と文字や写真、音声、動画などを通して触《ふ》れ合うことができる。

こうして人々《ひとびと》が日常的に使う技術レベルが変わると、その意識もしだいに変わり、人々の意識は宗教や政治や経済とも関係していますから、そういう広がりをもった方面にも、ゆっくりかもしれませんが、変化が伝わっていくのです。よい例は、数年前、インターネットの発達によって〝アラブの春〟[10]などと呼ばれる大きな政治的変化がアラビア半島や北アフリカの国々《くにぐに》で起こったことです。またもっと最近では、ネットには〝良い情報〟も流れるけれども〝悪い情報〟も流れているので、そういう〝悪い情報〟に惹《ひ》きつけられた人たちの中から、自分たちの社会への不満を現代文明の欠陥《けっかん》に結びつけ、反社会的な行動に走るケースも出ている。そんな動きの大きなものは、先進国の社会を〝邪悪《じゃあく》な文明〟と決めつけ、過激なイスラーム信仰《しんこう》と結びつけた政治運動です。「ＩＳ」とか「イスラム国」と呼ばれているもので、日本人も彼《かれ》らのテロ活動の犠牲《ぎせい》になりました。この「イスラム国」の場合、〝アラブの春〟で独裁的政権が倒《たお》れたチュニジアなどからの参加者が多いのですが、欧米《おうべい》の先進国で教育を受けた移民の人たちも少なくないことが注目されています。彼《かれ》らは、主としてインターネットからの情報に感化され、あるいは自分の移民先の社会への不満の感情を正当化する理由を過激な宗教思想に見出し、実際の戦闘員《せんとう》として訓練を受けにいく。若者のこういう行動のパターンは、これまであまり見られなかったものです。インターネットという技術が生み出した生活態度が作り出した新しい行動パターンと言えるでしょう。

こう考えると、一つの文明から生まれた新しい知識と技術が人々《ひとびと》の意識を変革し、宗教や政治にも影響《えいきょう》を与《あた》え、そして人々の生活態度にも大きな変化を起こしているという〝構図〟が見えてくると思います。

では、その次の「物質・物理的環境《かんきょう》」への影響はどうなるでしょうか？　これは〝新しい文明〟については、まだ未知数と言わねばならないでしょう。ただ今、私たちがその中にいる〝旧文明〟が、どんな物質的、物理的環境をもたらしているかは、すでに触《ふ》れた通りです。改めて言えば、それは、今日の会場になっているこの建物みたいなものです。かつては森林だったところの木を切り倒《たお》して、道路を造り、鉄筋コンクリートを使って大きな建物を建てる。森林を都市に変貌《へんぼう》させる。そういう都市化が世界各地で拡大している。これは〝旧文明〟の物理的環境《かんきょう》であります。しかし、そういう動きは大きな矛盾《むじゅん》を抱《かか》えていることが分かってきている。自己破壊《はかい》の要因を内部に抱えているのです。

その例として、今日（二〇一五年四月二十九日）の『朝日新聞』の一面の記事を、ここに持ってきました。カメラで拡大してもらえますか？　トップの見出しは、〝日米「核《かく》兵器は非人道的」不拡散へ共同声明〟とあります。ご存じのとおり、今、安倍首相は訪米していて、アメリカのオバマ大統領と会って共同声明を発表したというのです。その内容は、日米は「核兵器は非人道的」という認識で一致《いっち》したというのです。皆《みな》さん、どう思いますか？　核兵器はそもそもどこの国が造ったのですか？　世界で初めてアメリカが造って、日本の都市に落としました。そうですね？　それが非人道的だと日本と合意したというのです。だったら、やめたらいいですね。核廃絶《かくはいぜつ》です。でも、やめられますか？　やめられません。それが問題なのですね。つまり、今の文明は、非人道的であって絶対に使えない兵器というものを廃絶できないという大きな矛盾《むじゅん》を抱《かか》えているのです。そして、日本もご存じのとおり、世界唯一《ゆいいつ》の被爆《ひばく》国でありながら、アメリカの〝核の傘《かさ》〟に守られてきただけでなく、原発を五十四基も建設した。そして、東日本大震災《しんさい》の影響《えいきょう》によって五十四基は全部止まって、今、それを安倍政権は復活させようとして頑張《がんば》っている。それは、〝古い文明〟にもどろうとする力であります。私は、それではいけないと考えています。

今の文明の基本的な問題については、すでに谷口雅春先生がかなり前に明確に指摘《してき》されています。次にそれをご紹介《しょうかい》します。テキストの『新版 栄える生活365章』

をお持ちの方は、一番最初の「はしがき」を開いてください。「はしがき」の一ページを読みます――

人類の歴史を顧《かえり》みると、それは自然との戦いであり、自然の脅威《きょうい》に対して自己の生活を如何《いか》に健康に護るかの戦いであり、自然が埋蔵《まいぞう》する宝庫を解放して如何に富を発掘《はっくつ》してくるかの戦いであったということができるのである。しかし健康を護り、富を発掘して来る方法は大抵《たいてい》、今まで物質的方面から研究され工夫され、そして現代の巨大《きょだい》なる物質科学の発達をみるに至ったのであった。

しかしそのために色々《いろいろ》の衝突《しょうとつ》は起り、奪《うば》い合いや戦争や、心の世界の葛藤《かっとう》が人体に影響《えいきょう》して、科学ではどうすることもできない〝癌《がん》〟が死亡統計の高順位にのし上ることになっているのである。

人間は幸福を求めて此処《ここ》まで来た。そして物質的方面での幸福はある程度目的を達した。と同時に、これ以上物質的方面からのみ人間の幸福を追求していると、空気の汚染《おせん》や河川の汚染や更《さら》に人間の心の汚染（ここがポイントですね）で、各方面から色々《いろいろ》の公害を惹《ひ》き起し、原子戦争の危機まで間近に迫《せま》って来つつあるのが現状である。物質文明の轍《わだち》の進むところ、重力で加速度が加わるように、その位の満足の程度で物質文明の発達を一応停止して、幸福に平和に今を安全に生活した方がよいではないかと提言したとて、互《たが》いに競争的に各方面に進歩しつつある物質文明が、今までの惰力《だりょく》で奈落の底へと向けて突進《とっしん》し行くのを停止せしめることはできそうにはないのである。

こうして人類絶滅《ぜつめつ》の危機に向ってひた走っている人類の文明という高速車を停止せしめることができないとするならば、これを救う道は、その高速車を停止せしめるのではなく方向転換《てんかん》させるほかはないのである。

（同書「はしがき」一～二頁）

ここには随分《ずいぶん》深刻な状況《じょうきょう》として描《えが》かれていますが、その背景を考えると理解できます。テキストをお持ちの方は、もう一ページめくっていただくと、この「はしがき」がいつ書かれたかがわかります。雅春先生がこの「はしがき」を書かれた日付は、「昭和四十二年十月十日」です。昭和四十二年というのは西暦《せいれき》で一九六七年、今から四十八年前です。その当時はいわゆる〝冷戦〟の時代です。アメリカとソ連——今はソ連は存在しませんが、この両国は大量の核《かく》兵器を相互《そうご》に向け合っていて戦えないので、代理戦争としてベトナム戦争が行われていた。中国は文化大革命のただ中にあり、日本国内は暴力的な学生運動で荒《あ》れていた。

このご文章は、その当時のものですから、決して誇張《こちょう》ではなかった。一九六二年の〝キューバ危機〟などでは、アメリカとソ連は軍事的に一触即発《いっしょくそくはつ》の状態になったのです。奈落の底へ向けて突進《とっしん》するという、そういう感覚があったのであります。

　では現在はどうでしょう？　冷戦は終わりました。しかし、冷戦の遺産である核《かく》兵器は大量に残っているし、核兵器を作り、維持《いじ》するためには、どうしても放射性物質の問題が出てくる。地上すべての生物にとって有害な物質ですから、それをむやみに捨てるわけにいきません。だから人類が再利用できるように、改良というか、改善というか、改造といいますか、そういうことをして再利用する原子力発電が、世界中に広まろうとしている。日本は大地震《じしん》で原発が破壊《はかい》されたことで、途中《とちゅう》で転びました。しかし今の政府は、またこの流れを復活させようとしている。原子力発電を〝ベースロード電源〟として使い続けるということは、これまでの〝古い文明〟を今後も引き継《つ》いでいくことを意味します。

〝旧文明〟の特徴《とくちょう》

ここで私が申し上げたいのは、この〝旧文明〟の基礎《きそ》となっている二つの特徴《とくちょう》的な考え方であります。それをここに掲《かか》げます。（図2）

まず第一は、「自然は無限だ」と考える自然無限論です。この場合の「自然」は、地球の自然を意味します。地球は一つの〝閉じられた系〟で、大きさも質量も有限です。しかし、この明確な事実を認識せずに、この自然からどれだけ取り出してもなくならないし、何をどれだけ廃棄《はいき》しても大丈夫《だいじょうぶ》、どんどん吸収してくれる——そういう考え方にもとづいて今の文明は成り立っていると言えます。これは、産業革命当初は多く人々《ひとびと》の実感であったかもしれないけれど、公害問題を経験したあとは、誤りであることを知らねばなりません。

自然無限論
自然功利論

図2

それから二番目の「自然功利論」というのは、自然界は人間の利益のために存在するのだから、人間が自然をその目的に利用し、そこからどんどん奪《うば》っても構わない――こういう考え方です。この思想は、かつては聖書の『創世記』にある記述によって正当化されていました。第一章二十八節にこうあるのです。生物を創造された後に、神が言う言葉です。

「生めよ、ふえよ、地に満ちよ、地を従わせよ。また海の魚と、空の鳥と、地に動くすべての生き物とを治めよ」。

ここにある「～を治めよ」(dominion over …)という言葉を、「人間本位に支配して構わない」という意味にとると、自然功利論に結びつくわけです。しかし、最近のキリスト教ではそういう解釈《かいしゃく》を変更《へんこう》し、人間はここで、神の被《ひ》造物を適切に管理する「執事《しつじ》」(steward)の役割を与《あた》えられたと考え、自然保護を教義の中に取り入れています。

自然無限論と自然功利論が組み合わさると、「自然は無限であり、資源もエネルギーも無尽蔵《むじんぞう》にあるうえ、人間はそれを自分たちの利益や幸福の手段に利用できる」という考え方になる。二十世紀までの経済発展の背後にあったのはこれで、〝旧文明〟の基本的考え方だと言えるのであります。

しかし、この二つの考えが誤りであることは、地球物理学や生態学、環境倫理《かんきょうりんり》学などの発達によって明らかになっています。地球の自然は、生物界と鉱物界の相互《そうご》の交流によって、永い時間の中で形成されたものであり、両者の間のバランスと、生物界内部のバランスによって安定を保っている。だから、どんな物質でも掘《ほ》り出して自由に使えるわけではない。水銀やカドミウム、放射性物質などの毒物を廃棄《はいき》すれば、生物界の食物連鎖《れんさ》[11]を通して、やがて人間に害が回ってくる。

資源は使えば枯渇《こかつ》するし、現に枯渇しかかっています。石油の値段が上がれば、農薬や肥料の値段も上がり、暖房費《だんぼう》も上がり、貧しい国の人々《ひとびと》の生活が苦しくなる。自然が無限でないことは、毎日のニュースを見れば誰《だれ》にでも明らかです。また、「自然無限論」はすでに破綻《はたん》しているのに、原子力だけは無限ではないかと考え、これにしがみついている人が多いのは残念なことです。

「自然功利論」にしがみついている人も、まだ多い。なぜか科学者にそれが多いことは、不思議です。自然界は法則が支配していることは科学者にとって常識です。だから、人間がその法則を研究すれば利用できるようになる。そこまではいいです。しかし、どんな法則でも、すべてを人間の好きなように使ってよろしいというのは、自然界の複雑さと生態系の微妙《びみょう》なバランスを知っている人が下す結論であってはならないでしょう。ところが、科学者の多くは人間本位の考え方から逃《のが》れられない。例えば、我々《われわれ》の肉体を構成している細胞《さいぼう》の遺伝子の研究から、遺伝子組み換《か》えの技術が生まれています。そこで、その遺伝子の一部をすり替《か》えて〝健康な体〟をつくる。そうしたら人間の寿命《じゅみょう》が延びるから、素晴らしいと考える。しかし皆《みな》さん、人間の肉体の寿命を延ばすことは、どんな場合でも素晴らしいのでしょうか？世界の人口は七十億人を超《こ》え、九十億人になろうとしています。それでも寿命を延ばすのですか？　それで良いのですね？　個人主義が浸透《しんとう》している現代では、社会全体の利益を考えるのは、後回しになりがちです。個人の幸福の増進を進めていけば、社会も素晴らしくなると考えているのかもしれません。しかし、自然界はそうできていない。個体の繁栄《はんえい》は種全体の繁栄には、必ずしも結びつかない。また、ある生物種が〝ひとり勝ち〟することは、かえって生態系全体の安定を損なう結果になることもある。人類は、自然界を研究していろいろな法則を発見し、それを技術に応用することで死亡率を減らし、寿命を延ばし、人口を増やしてきました。だから、どんなことをしても問題ないという考え方が根深くあります。

しかし、これは、すでに破綻《はたん》している自然功利論――〝旧文明〟の考えと同じではないだろうか？　そういう疑念をもつことが、私はいま必要だと思います。

生長の家で「新しい文明」を考える場合には、〝旧文明〟の前提となるこの二つの考えに疑いをもつことが必要です。ただ、ここで言う「自然無限論」も「自然功利論」も、現象としての自然を指していることを忘れてはいけません。人間の肉体が現象であるように、その肉体が恩恵《おんけい》を得ている自然界も、現象としての自然です。その自然が無限であると考えるのは間違《まちが》いであり、それをもっぱら肉体人間の幸福に利用するという考えも間違いであるということです。この点をよく押《お》さえておいてください。

さて、「新しい文明」についての考え方はこのくらいにして、もっと具体的な内容について検討していきましょう。私は東日本大震災《しんさい》が起こった一年後に、この本を出させて頂きました――『次世代への決断――宗教者が〝脱《だつ》原発〟を決めた理由』[12]です。

〝地下資源〟から〝地上資源〟へ

この本にある文章が、私としては最初に「新しい文明」という言葉を使ったものです。一四六ページから読みます——

〝新しい文明〟の構築へ

私は昨今の日本の政治の混迷は、〝文明の転換《てんかん》〟にさしかかった人類全体の混迷の反映であると感じている。産業革命以来、長期にわたって続いてきた〝化石燃料文明〟または〝地下資源文明〟の限界が明らかに見えてきた現在、その旧文明を新文明に転換しなければならないことは、多くの有識者が声をそろえて唱えている。しかし、その具体的方法——つまり、移行過程の青写真が構築できないでいるところの混迷状態である。ここで言う〝新文明〟とは、もちろん再生可能の自然エネルギーを基礎《きそ》とした〝自然共生型文明〟であり、〝地上資源文明〟である。問題は、この〝新文明〟の基礎となる産業が未成熟で、国の政策決定過程に十分な影響《えいきょう》力を行使できない段階にあることだ。

（同書、一四六〜一四七頁）

　ここにあるように、日本のような議会制民主主義の政治では、数が少ないため力がないものは国を動かせないというわけです。力があるのは、これまで旧文明を発達させてきた人たちとその会社、団体で、貯金や資本がたくさんあり、技術も積み上げてきたから、便利な製品やサービスをすぐに提供できる。そういう人たちにとっては、どうしても既得《きとく》権益を守ることが重要になる。つまり、リスクのある新しい事業を始めるよりは、これまでの安定した事業の上に何か付け加える方がいいと考える。だから今、「もとのやり方にもどろうよ」という運動が熱心に展開されている。つまり、化石燃料や原子力を利用した技術や産業の再興とさらなる発展を目指す動きが強力にある。しかし生長の家は、「それはあまりにも近視眼的ではないか」と訴《うった》えているのであります。短期的な利益を優先して、中・長期的な不利益を十分見ていないということです。理由は、気候変動とそれにともなう人的、経済的損失を軽視していると思うからです。

この文中にある「地上資源」という言葉は、実は私の発明ではなく、もっと前に、『次世代への決断』が出る四年ほど前に、当時のブログ「小閑雑感《しょうかんざっかん》」（二〇〇八年三月二十五日）で引用したものです。その文章は現在、『小閑雑感 Part 13』[13]という単行本に収録されています。

そのころ、『日本経済新聞』に連載《れんさい》していた池内了《さとる》さんの「未来世代への責任」という論文を読んで感動しました。そこで使われていた言葉なんでありります（図3、次頁）。

とても分かりやすい捉《とら》え方で、こう考えるのです——これまでの文明は地下資源を掘《ほ》り出して、それを地上で加工したり燃やしたりすることによって人類の役に立ててきた。地下資源とは、ご存じの通り石炭、石油、種々《しゅしゅ》の鉱石……鉄、銅、アルミニウム、ウラン鉱石もそうです。そういうものの利用技術が発達して、現代文明を築いています。しかも「地球無限論」にもとづいていましたから、あるものはどんどん掘り出して使っても大丈夫《だいじょうぶ》だという考え方でした。大量生産、大量廃《はい》棄《き》です。

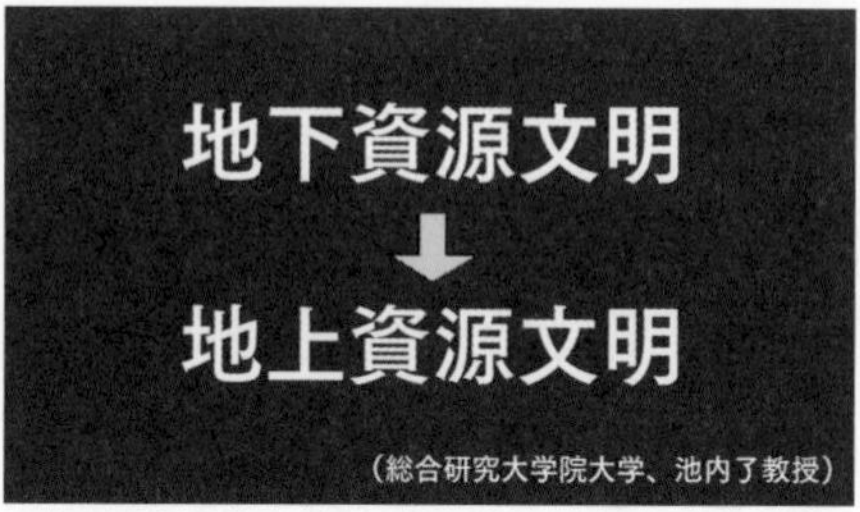

図3

しかし今後は、〃地上資源〃の利用へと移行すべきだというのです。「地上」というのは、地下ではなく「地球の表面」という意味です。そこにも資源があります。

太陽光、水力、風力、潮力、波力……そういうものです。生物資源、バイオマス[14]も含《ふく》まれます。これらは地球の表面に現にあるけれども、まだ十分利用されていない資源で、今後はこれらを利用する以外に仕方がない。なぜなら、地下から資源を取り出して利用すると、それはみんな二酸化炭素などを発生して地球温暖化をますます加速させるからです。それを避《さ》けるためには、現に地上にあるものを上手に組み合わせて利用していく必要があると、池内さんは書いていた。それを私はブログの中でこのように紹介《しょうかい》しました——

「地下資源文明」とは、それまで森林を伐採《ばっさい》してエネルギーや資源としていた人類が、約二五〇年前に起こった産業革命により、石炭や鉄鉱石などの地下資源を利用した機械文明を確立し、さらに石油や石炭などの地下資源に依《い》存《ぞん》する科学技術を発展させてきた、現在の文明のことを指す。この文明を推進するためには、「地下」が重要だから、山を崩《くず》したり、地下や海底深くまで掘削《くっさく》するための巨大《きょだい》な機械と、それを生み出す大きな資本力が必要で、そのための大量生産、大量消費、大量廃棄《はいき》を前提とする文明が育った。本来、地上に存在しなかった資源を地下から大量に掘《ほ》り出し、それを燃やしたり加工した後に、利用されないほとんどの物資を〝廃棄物〟として地上に捨てるのである。ここからは当然、公害問題が生まれ、やがて昨今の地球環境《かんきょう》問題も生じてきた。また、地下資源は無限でないから、この文明が発達するにつれて、資源の枯渇《こかつ》問題が生じてきている。

この「地下資源文明」に固執《こしつ》する限り、人類の未来はない。このことは明々白々《めいめいはくはく》の事実なのだが、池内教授によると、「いったん禁断の木の実の味を覚えた人間はそれを簡単に打ち捨てることはできないどころか、いっそう地下資源への依存《いぞん》を強めている」のだという。これでは未来世代への責任は果たせないから、「無限とも言える容量があり、環境《かんきょう》と調和できる地上資源へと可能な限り切り替《か》えること」を同教授は提案している。

要するに、地上に於《お》いて利用できる太陽光、バイオマス、地熱などの自然エネルギーへの転換《てんかん》である。これらの自然エネルギーは「安定性」に問題があるとよく言われるが、それは、石油や石炭のようにもともと貯留されていたものと比べるから〝問題〟があるように感じられるだけで、「可能な方策を柔軟《じゅうなん》に組み合わせればよく、一つの方法ですべてを賄《まかな》う発想は時代遅《おく》れなのだ」と同教授は言う。

（『小閑《しょうかん》雑感 Part 13』六五〜六七頁）

これが池内さんの理論で、私はそれを読んでハッと膝《ひざ》を叩《たた》き、「これでいける」と思ったのです。今、生長の家の国際本部がやっていることは、まさにこれなのであります。それはもう理論ではなく、実現しています。生長の家の〝森の中のオフィス〟では、太陽光発電とバイオマス発電、それから蓄電池《ちくでん》の技術を組み合わせて、二酸化炭素を全く排出《はいしゅつ》しないで普通《ふつう》の業務と生活ができる。普通にコンピューターも使うし、照明も使うし、温水も使っています。省エネと創エネ、それに蓄エネを組み合わせれば、現在の技術レベルで二酸化炭素の排出ゼロは実現できる。が、それは若干値段が高いのであります。なぜ高いか分かりますね。〝旧文明〟の一部である化石燃料の利用技術は、すでに先行投資が十分行われ、そのコストも回収されている。しかし、〝地上資源〟の利用技術は、水力利用などの一部を除き、今、先行投資が行われている最中で、技術開発もこれからです。言わば「最先端《せんたん》の技術」である。だから、私たちユーザーの側が明確な目的と意志をもって「やりましょう」と決断しないかぎり、〝旧文明〟の技術を利用する方が安いので、普通の企業《きぎょう》や家庭ではそっちの方——つまり、化石燃料や原子力を利用した技術を採用する。しかし私たちにははっきりした目的があるので、そうしないで、多少値段が高くても新しい、優れた方法を採用することで、〝新しい文明〟の構築に協力しようとしているのであります。

〝新しい文明〟への三つの指針

さて、先ほどは二〇〇八年のブログの文章を紹介《しょうかい》しました。それは主として技術的な側面から見た〝新しい文明〟でした。が、その三年後の二〇一一年七月八日のブログでは、私はもう少し精神的な面に触《ふ》れています。次にそれをご紹介したいのですが、皆《みな》さんは私が読むのを聞いているだけでは退屈《たいくつ》でしょうから、画面にも文章を出します。一緒《いっしょ》に読んでください。（壇上《だんじょう》のスクリーンに映し出した文章を読む）

問題になっているのは、まさにこの〝自然無限論〟なのだ。世界人口が増大しつづける中、人口の多い新興国が先進国並みの物質消費生活を目指して経済発展を続けているため、エネルギー需要《じゅよう》が激増し、自然が破壊《はかい》され、大気中の温暖化ガスが増大し、気候変動が起こり、資源獲得《かくとく》競争が激化し、食糧《しょくりょう》価格が高騰《こうとう》する……という悪循環《あくじゅんかん》を断つことができないでいる。人類はもはや〝自然無限論〟を捨て、〝地球有限論〟のもとで生きる決意をしなければならない。そして、安定的な自然環境《かんきょう》が維持《いじ》できる範囲《はんい》内に人類の欲望と経済活動を納めながら、世界の中の富の偏在《へんざい》を縮小し、各国が平和裡《り》に共存することができるような制度や仕組みを地球規模で構築していかねばならないのである。

この最後のところに書いてあることが、〝新しい文明〟を構築するための指針となるのではないでしょうか。それをここに三項目《こうもく》に分けて掲《かか》げました（図4）。第一項目は、「欲望の適切な制御《せいぎょ》」です。私たちは、新しい文明においては欲望を適切に制御することを意識しないといけない。これに対して現在の文明はどうでしょうか？　現在の文明は、言わば〝欲望何でもよし論〟ですね。「欲望」というのは、経済学の用語では「ニーズ」とか「需要《じゅよう》」と言います。ある製品やサービスを考案して、もし市場《しじょう》にそれに対するニーズがないのであれば、ニーズをつくって売ればいい。広告・宣伝、販売《はんばい》促進《そくしん》のツールを動員して新しいライフスタイルを提案し、需要を喚起《かんき》すればいい――こういう方法で、戦後の経済は発展してきたのではないでしょうか？　もちろん、社会の向上にとって必要なサービスや製品はあ

1. 欲望の適切な制御
2. 富の公正な分配
3. 国際平和の維持

図4

るでしょう。しかし、今提供されているサービスや製品のすべてが、本当に必要だと言えるでしょうか？　過剰《かじょう》な効率化や省力化によって、人間の基礎《きそ》的な能力がかえって後退していないでしょうか？　エネルギーが大量に消費され、廃棄物《はいき》が大量に生まれ、環境《かんきょう》が破壊《はかい》されていないでしょうか？　そういう視点から経済や個人生活を見直し、律すべき点は律する。それが「欲望の適切な制御《せいぎょ》」だと私は考えます。

それから二番目の項目《こうもく》──「富の公正な分配」。これは経済学の目的の一つでもあります。午前中の講話にも出てきたと思いますが、今の世界では、貧富の格差がものすごく拡大しています。これは日本国内だけではなくて、世界的に拡大している。私は今年（二〇一五年）四月十三日のブログ「唐松模様《からまつもよう》」で、そのことに触《ふ》れています。その文章の一部を紹介《しょうかい》いたします──

この経済発展至上主義が長く続いたおかげで今、世界的に起こっているのが貧富の格差の拡大である。読者は、「世界の富裕《ふゆう》層の上位一%が、世界資産の四〇%を占有《せんゆう》している」ことをご存じだろうか。これは、国連大学世界開発経済研究所（UNU-WIDER）が二〇〇八年に行った研究によって明らかになったことだ。研究対象となった数字は、二〇〇〇年の時点のものだ。同じデータを違《ちが》った切り口で表現すると、「上位五%」の富裕層の場合は世界資産の「七一%」を占有しており、「上位一〇%」ならば実に「八五%」に達する。

これは大変な貧富の格差ではないでしょうか？　世界の大金持ちの上から一%の人たちが、世界中の富の四割を支配しているのです。上位五%の人を見れば、全体の七割強を支配し、上位一割の人たちまで含《ふく》めれば、その割合は実に八五%になるのです。それが現状です。

いや、「現状」を語るのであれば、格差はもっと大きいかもしれない。なぜなら、これは二〇〇〇年の時点のデータだからです。二〇〇〇年から今日まで十五年過ぎて、世界の経済システムが特に大きく変わったという話はありませんから、現在はさらに富の偏在《へんざい》が進んでいると考えて間違《まちが》いないでしょう。そうだとすると、何が起こるでしょうか? この富の不公正な分配に対して、やっかみや妬《ねた》みの感情を抱《いだ》く人、恨《うら》みを感じる人、不合理や不条理《ふじょうり》を感じて、そういう感情を政治的、思想的に表明する人、さらには過激な行動に出る人……などがたくさん出てきます。だいたい今は、スマートフォンやインターネットの時代ですから、貧しいアフリカや南アジアの国であっても、少し金を出せばスマホを入手でき、あるいはネットカフェでインターネットを使い、先進国の人々《ひとびと》の生活が、あるいは自国や隣国《りんごく》の支配階級の人たちの生活が、どんなに贅沢《ぜいたく》で、ムダ遣《づか》いが多いかということが、簡単に分かる。そうすると、この不正をどうにかして正そうとする人たちが出てくる。「人間はみな平等」という民主主義の思想は広がっていても、実際の社会の状態はまったく平等でない。そういう認識の中から、宗教的信念をもつ人々《ひとびと》が過激な行動に走るということはあり得るでしょう。また単に、社会への不満を暴力的に爆発《ばくはつ》させる場合もある。ですから、この「富の異常な偏在《へんざい》」というものが今、社会の平和、国際平和を乱している原因の一つだと言えるのであります。

もちろん、昔の時代にも貧富の格差はありました。しかし、その時代と今日が異なるのは、民主主義思想の浸透《しんとう》と技術革新です。これは〝旧文明の成果〟と言えるかもしれません。〝旧文明〟は個人の価値を拡大し、個人をエンパワーする(empower、力を与《あた》える)方向に発達してきました。簡単に言うと、現在の文明を続ければ続けるほど、個人の力は拡大するのです。だから、もちろん善い結果も生み出していますが、逆の悪い結果も生まれている。

9・11(二〇〇一年九月十一日にアメリカで起こった同時多発テロ)は、まさにその悪い例です。一人の人間がジャンボジェット機を操縦して、何百人もの乗客を迅速《じんそく》に遠距離《きょり》へ運ぶ――これは、技術革新による個人の力の拡大です。一見、すばらしい成果のように感じられますが、その個人が間違《まちが》うと、ジャンボ機は飛行場に向かって飛ぶのではなく、高層ビルに体当たりして、何千人もの死者を出すのです。

そんな大事件が起こってから十年以上たちましたが、私たちは何を学んだでしょうか？　ほとんど何も学んでないように感じます。技術はどんどん発達しましたが、その技術の悪用《あくよう》を防げていない。このあいだ東京の首相官邸《かんてい》にドローン（小型無人飛行機）が飛んできて墜落《ついらく》しました。機体を調べてみたら、放射性物質の混じった土を少量積んでいたといいます。福島第一原発付近の土だそうですが、あれがもしサリンだったたらどうなったでしょう？　また、記者会見中に飛んできたらどうするのでしょう？　このように現代は、個人が国の中枢《ちゅうすう》の機能を麻痺《まひ》させる能力を持っているのです。

でも、今の政権は、そんなことにはあまり関心がないようです。それよりも、旧時代の考え方に縛《しば》られ、通常の軍備を拡大したら国の安全が守れると考えているようです。が、とんでもない。普通《ふつう》の軍備では、決死の覚悟《かくご》をしたテロリストの攻撃《こうげき》から国民を守ることはできません。技術革新により、武器や兵器は小型化しつつ破壊《はかい》力を増しています。民生用と軍事用の技術の違《ちが》いはますます不明確になっています。だから、国の安全保障は、軍備拡大すれば足りる時代ではないのです。敵意の拡大と深刻化を防ぎ、テロリストや反社会的行動をする人を生み出さないことが必要です。それには、私たちの心の問題と真面目に向き合う必要があります。だから、〝新しい文明〟を創造するに当たっては、現在のこの異常な「富の偏在《へんざい》」を修正する動きがともなわないといけない。そのことが国際平和につながっていくのです。軍備拡大が平和をもたらすのではありません。

皆《みな》さん、世界平和を自分の問題に置き換《か》えて考えてみてください。私たちは社会の一員です。その社会で不平等や不公正がまかり通っていたならば、その社会のために何か貢献《こうけん》する気になるでしょうか？　社会や他人のために、真面目に努力する気になるでしょうか？　国際社会においても、これと同じことが言えると思います。不公正な富の偏在《へんざい》があり、不合理な支配・被《ひ》支配の関係がまかり通っている世界では、各国は狭《せま》い〝国益〟を護るためにエゴを剥《む》き出して争うのです。それが〝古い文明〟が支配した二十世紀において、戦争が続いた大きな原因だと私は考えます。だから、二十一世紀にあっては、社会の不公正を放置しておいてはなりません。不公正を是正《ぜせい》することで、構成員それぞれが社会の共通利益のために努力する道が開かれます。

欲望を正しく使う

それでは、経済や政治の問題はこのくらいにして、もっと基本的な〝心の問題〟に帰ります。私たちは宗教運動をしているのですから、この「欲望」の問題をきちんと整理し、回答を得なければなりません（図5）。皆《みな》さんはどう思いますか？

欲望は制御すべきか？

できない／すべきでない

できる／すべきだ

図5

欲望は制御《せいぎょ》すべきですか、制御すべきでないでしょうか？

まぁ、経済発展を重視する人は、制御なんかすべきでないし、第一、制御できないんだと考えているかもしれません。しかし、私はそう思わない。人間が自分の欲望を制御できないし、すべきでないのであれば、宗教なんかないほうがいい。倫理《りんり》も道徳も不要ということになる。欲望の出したい放題では、社会が混乱することは明らかです。ですから、生長の家や、その他の宗教運動をしている人は、この図の下の選択肢《せんたくし》を採るべきである。欲望の制御《せいぎょ》は「できるし、すべきである」のです。

ただ、ここには一つ問題がある。それは何かといえば、かつてはこの考えのもとに、国や社会が個人の自由を奪《うば》い、欲望の制御を強制した。社会主義、共産主義という考え方がそれであって、戦前の日本においても、程度の差はあれ、それが行われた。「あれをしてはいかん、これをしてはいかん」と個人の選択の自由を制限して、国家や社会が望む方向に国民を誘導《ゆうどう》することで、理想的な社会が実現すると考えた。不要な欲望が出てきた個人は皆《みな》、収容所に入れて洗脳し、欲望をなくして帰す。そうすると社会はよくなる。しかし、ご存じのように、こういう考え方は破綻《はたん》しました。社会主義陣営《じんえい》の敗北によって〝冷戦〟は終わりました。

だから現在は、欲望の制御は政治や権力が「外側から」やるのではなくて、宗教や倫理《りんり》や道徳が個人の心の「内側から」——つまり、自らの選択によって欲望を制御《せいぎょ》する方法を採らなければならない。これは、とても高度な生き方です。でも私は、それは宗教が古来やってきたことだと思うのですね。やってきたけれども、産業革命が起こり、宗教改革もあって、世界が大きく変わってきた頃《ころ》から、「欲望はいいことだ」という考え方が世界中に広まっていった。私は、「すべての欲望は悪い」と言っているのではありません。欲望の良し悪しは、状況《じょうきょう》によって変わる。簡単に言えば、時と場合によって〝善い欲望〟と〝悪い欲望〟があるのです。当たり前のことですね。『大自然讃歌《さんか》』[15]の中に、そのことをはっきり書いた所があります。その部分を読みます――

欲望を
神性表現の目的に従属させよ。

生長の家は「欲望をもつのはいけない」とは言いません。食事をしたいときは、感謝しておいしく食べてください。しかし、人の講話中には食事をしてはいけない。当たり前ですね。欲望の充足《じゅうそく》は、時と場合によってよくも悪くもなる。だから、「神性表現の目的」に従属させればいい。欲望充足をトップの目標にするのではなく、二番手、三番手ぐらいにしておけばよろしい。

欲望を自己の本心と錯覚《さっかく》すべからず。

他人《ひと》が一所懸命《けんめい》に話をしている講話中に、「やっぱり眠《ねむ》いな」と感じる。これは自分の本心なのか、それとも欲望なのか。この判別は簡単でないかもしれない。しかし、冷静に考えてみれば、やはり費用をかけ、時間をかけてこの会場まで来たという自分の方が本当で、今眠いのは睡眠《すいみん》欲という欲望が一時的に生じているのだと分かるでしょう。理性をもって自分に聴《き》けば、〝本心〟と欲望の違《ちが》いは分かるはずです。

では、〝本心〟でない欲望が、なぜ自分の中に燃え上がるのか？　次にこうあります――

欲望燃え上がるは、
自己に足らざるものありと想い、
その欠乏《けつぼう》感を埋《う》めんとするが故なり。

この分かりやすい例は、食欲です。人間は、胃袋《いぶくろ》がある程度空になったら自動的に食欲を感じるようにできています。これは肉体を維持《いじ》するための本能――一種の自動装置です。人間だけにではなく、ほとんどすべての生物の生存のために必要な自動装置です。つまり空になってきたら、空を満たしたい——そういう欲求が生まれる。それと同じように、ほとんどすべての欲望は、「自分には何かが欠けている」という感覚や意識がもとになっている。そして、このままでは心の空白が不安だから、外から何かを入れて空白を補いたい。そうしないと寂《さび》しい、満足できない、不安である……そういう感情が背後にあるのです。だから、広告会社はその感覚を逆用したコマーシャルを作るわけです。その基本的なメッセージは、「あなたはこれを持っていても、こっちの新しい方がもっといいよ」とか「あなたが価値を置くこれは、もう古くて時代遅《おく》れだよ」というもので、視聴《しちょう》者の心に欠乏《けつぼう》感を植えつけるのです。欠乏感から欲望が起こりますから、視聴者は、本当は不必要なものでも購入《こうにゅう》し、そして経済は発展することになる。こういう〝古い文明〟のやり方は、もう採用したくない。その理由は、こうあります——

即《すなわ》ち、

欲望は自己の〝神の子〟なる本性を知らざる迷いより生ず。

欠乏《けつぼう》感を植えつけて欲望を喚起《かんき》することは、「人間は神の子である」という本性の自覚をくらますことです。生長の家で、「人間は神の子であり、仏である」という意味は、自分の中に神仏があるということです。神とは何ですか？　神さまは、天地《てんち》すべてのものを創造された偉大《いだい》な存在で、その中にはすべてがある。すべてのものは神様の中にあるのだから、神の子である人間が欠乏感を抱《いだ》く必要はないし、そんなものがあるのはおかしいのです。『大自然讃歌《さんか》』の少し前の箇所《かしょ》には、「欲望は肉体の維持《いじ》発展のための動力」だと書いてありますから、肉体生活を送るためには欲望は必要です。しかし、欲望が即ち自分の本心ではない。それを本心だと思い違《ちが》えることは、「自分は肉体である」と認めることです。この点が理解できれば、コマーシャリズムに乗って消費生活を送ることは、神の子の自覚から遠ざかることだと分かるはずです。

欲望は、神性表現の目的に合致《がっち》するように正しく制御《せいぎょ》して使うところに、人生の価値があるのです。

地球生命との一体感

それでは、欲望を制御して神性表現をするにはどうしたらいいのでしょう。その方法について、心理学的な考え方を使って説明している文章が、今日のテキスト『宗教はなぜ都会を離《はな》れるか？――世界平和実現のために』[16]の二一四ページから続きます。ちなみにこの文章は、二年前の全国幹部研鑽《けんさん》会、青年会全国大会での講話をまとめたものですので、その時の参加者は内容を憶《おぼ》えておられるかもしれません。しかし、忘れている方もいらっしゃるので、あとで読みます。その前に、

小道具を使うのでお見せします。（図6）

これも前回使ったので憶《おぼ》えている方もいると思います。この円錐《えんすい》形の物体は、私たちの心であります。講習会では円錐ではなく、よく三角形の図を使って心の説明をしますが、今日は円錐を使います。舞台《ぶたい》上の画面にも円錐の図が出ています（図7、次頁）。

人間の心の特徴《とくちょう》としてよく言われていることは、私たちには意識の表面にある〝自覚的な心〟と、意識から見えない、また感じることのできない〝隠《かく》れた心〟があるということで、心理学者はそれを「現在意識」と「潜在意識《せんざいいしき》」という言葉で表現しています。

図6

私が今、こうして話をしているのを聞いてくださっている皆《みな》さんは、言葉の意味を理性で自覚的に理解しているので、その部分は「現在意識」です。しかし、そ

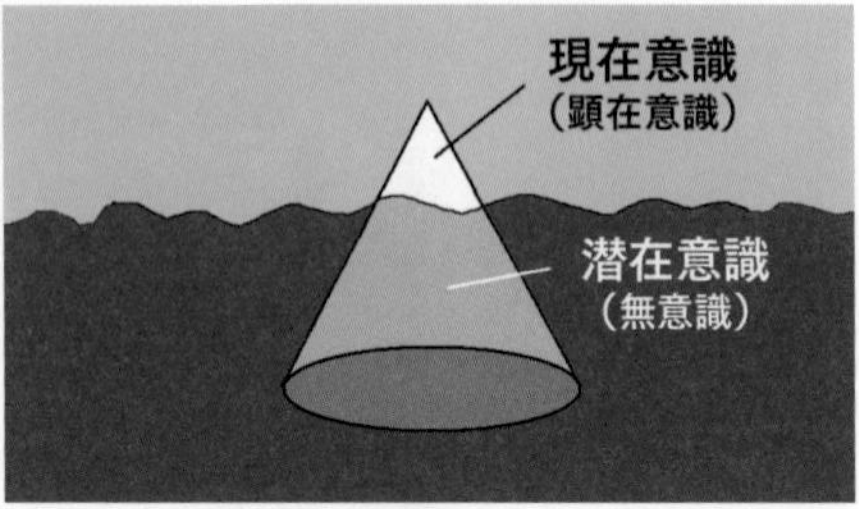

図7

の心だけが皆《みな》さんの心ではなくて、実はそれより深いところには隠《かく》れた心があって、そこでは例えば、私の話とは別のことを漠然《ばくぜん》と思い浮《う》かべている。そういう、意識から隠されている心が「潜在《せんざい》意識」で、それは、現在意識と一致《いっち》していないこともある。しかし、潜在意識は、図の大きさから分かるように、大きな領域をもち強力ですから、この不一致から人生の悲劇が生まれることがあるのです。この図を三角形ではなくて円錐《えんすい》形にしたのは、この後の説明がしやすいからです。

しかし、念のために申し上げますが、この円錐形は、あくまでも説明の便宜《べんぎ》で使うもので、円錐形が心の状態を正確に表しているということではありません。心には物理的な形などないのですが、ある側面を表現するのに図形に喩《たと》えるのが

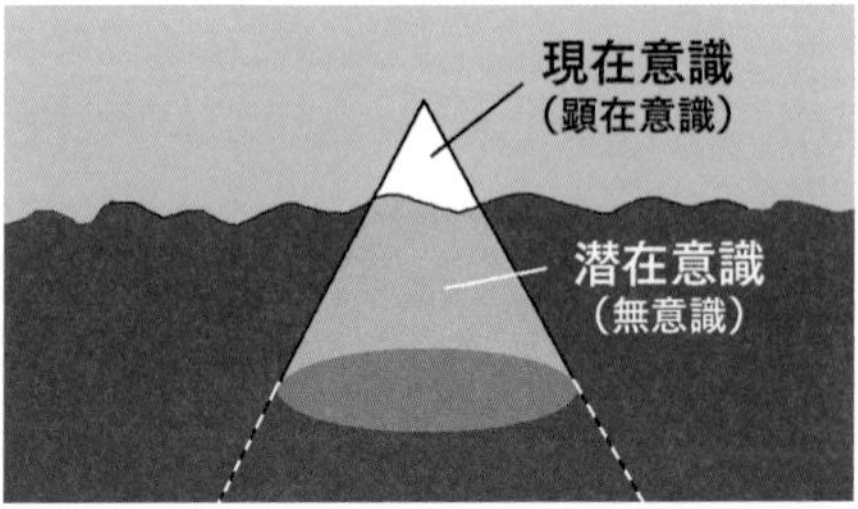

図8

便利だということです。図形ではどうしても不完全な表現になってしまいます。例えば、この円錐《えんすい》形には本当はもっと下部があった方がいい。ずっと下の方に続いている（図8）と、個人の潜在《せんざい》意識の奥深《おくふか》くには人類意識もあり、生類の意識もある――そういう大きな円錐形を作ってここへ持ってきてもいいかもしれませんが、講話ではとても扱《あつか》いにくくなってしまいます。そこで今日は、円錐を途中《とちゅう》でちょん切った形にしてあるのであります。

テキストの『宗教はなぜ都会を離《はな》れるか？』では、この円錐形を使った話が、二一四ページから出てきます。そこには鯉《こい》のぼりの話もあり、今ちょうど鯉のぼりの季節なので、そこから説明を進めましょう。絵を画面に出します（図9、次頁）。

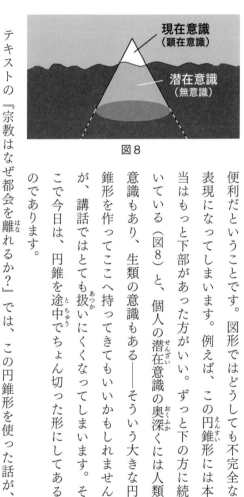

私が小さいころは、家族の人数だけ鯉《こい》のぼりを上げました。六人家族でしたから、上から順番にお父さん、お母さん…子供たち…というふうに続いて、私の鯉はこれだと決まっていました。そういう背景を理解して次を読んでください。

二一四ページの後ろより三行目から読みます。

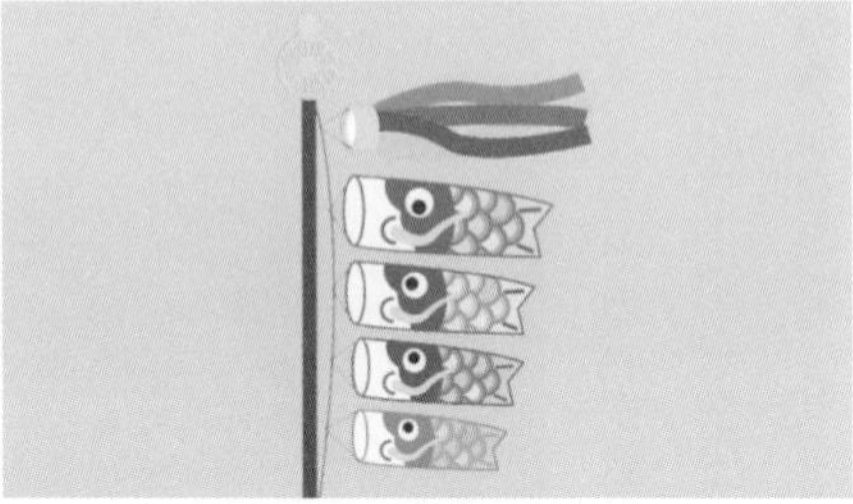

図9

私たちは何かと出会ったときに、現在意識――つまり「覚めた意識」で考えていることがある一方で、そういう意識的な思考のバックグラウンド（背後）で、ボーっと想い浮《う》かべていることもあるのです。先ほどの鯉のぼりの例でいえば、私が子供のころ、竿《さお》の下から何番目かのコイを見て、意識の表面では「なかなか元気に泳いでいるなぁ」と考えていたとします。しかし、その自覚的な考えの背後では――つまり潜在意識《せんざい》では、そのコイを人間とは関係のない魚類のコイだとは思わず、何かボーっと「自分」のことを思っている。なぜなら、鯉《こい》のぼり上の何尾《び》かのコイは、それぞれ家族の構成員に振《ふ》り当てられていて、「自分のコイ」がどれであるかを私はよく知っているからです。意識しなくても、「自分のコイ」に注目しているのです。下から何番目かのコイに自己同一化し、感情移入しているのです。「元気なコイ」を見ながら、自分も元気だと感じている。そういう〝二重の感覚〟が、心の中で起こっている。覚めた意識では「元気なコイ」を感じながら、潜在意識では「元気な自分」を感じているのです。これがバイロジック（二重論理）です。

（『宗教はなぜ都会を離《はな》れるか？』二一四～二一五頁）

「バイロジック」とは心理学の専門用語です。人間の心は不思議なもので、日常的に二重の論理をきちんと消化している。「二重」とはどういう意味かといったら、潜在《せんざい》意識のものと現在意識のもの二つを同時並行的にということです。現在意識は論理的、排他《はいた》的にものを考えるので、コイは人間ではありません。でも、包容的にものごとを捉《とら》える潜在意識では、コイは人間でもあるのです。私たちの文化の中には潜在意識が表現されているので、鯉《こい》のぼりは家族関係をコイで表すのです。つまり、私たちは、潜在意識では魚類と人間とを同じものととらえている。それは矛盾《むじゅん》といえば矛盾です。しかし、私たちの心は、そういう矛盾を、ごく普《ふ》通《つう》に何の苦もなく受け入れているし、楽しんでいる面もあるのです。今の世の中での例を挙げれば、〝ゆるキャラ〟はバイロジックの産物です。これって全国にありますでしょう？動物のような、植物のような、それでいて人間のような、またそれらが混ざったような架空《かくう》の生き物を作り、それによって自分たちの地域を代表させようというのです。人間でないものを人間と同一視し、さらにはそれが自分だと思うのが楽しいのであります。論理を重視する現在意識で考えると馬鹿げたことかもしれませんが、潜在意識《せんざいい》は満足している。絵本や童話やアニメの世界では、こういうことは普通《ふつう》に行われています。人間の心に二重論理が働いている証拠《しょうこ》です。

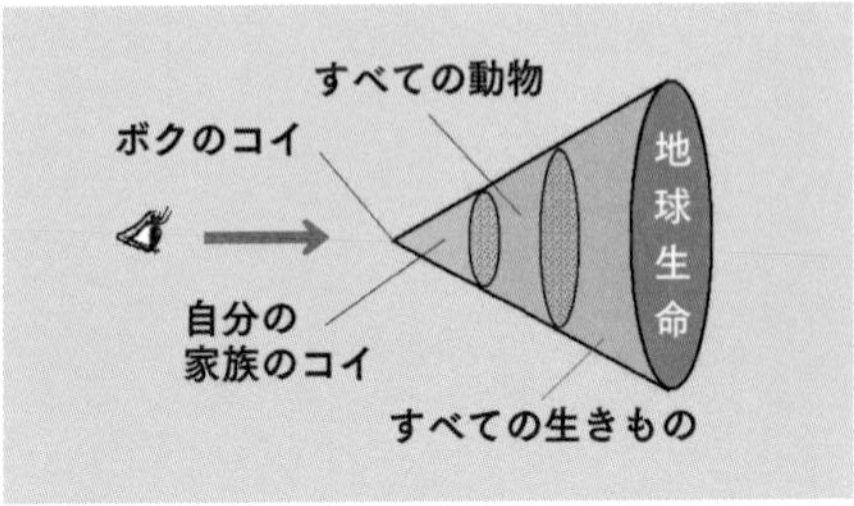

図 10

さて、ここから先が重要な話です。少し複雑になってきますが、注意して聞いてください。

現在意識と潜在意識の関係はこの円錐《えんすい》を立てた形で説明しました。が、この模型は横に倒《たお》すとこうなります（円錐形の模型を横にして持つ）。その形を画像でも示しましょう（図10）。向かって左側に「目」が描《えが》いてあるのは、自分が「何かを見ている」

という意味です。円錐《えんすい》の先端《せんたん》に「ボクのコイ」と書いてありますが、これは、鯉《こい》のぼりの中で自分を示すコイを見ているときの意識を表しています。そこから円錐の底へ向かって少し進んだところには「自分の家族のコイ」とありますが、これは、「ボクのコイ」を見ている人が、それを自分の家族を表したコイの一部であるという自覚をしているという意味です。ここまでが現在意識の領域です。そこからさらに画面の右側――円錐の底の方向――へ進むと、潜在《せんざい》意識の領域に入ります。そこの上層部には「すべての動物」と書いてありますが、これは、「ボクのコイ」を見ている人が、無意識の領域では、コイは魚類の枠《わく》も超《こ》えたすべての動物の一部であることが分かっているという意味です。明確な自覚はなくても、心の底では知っているということです。そして、円錐をさらに右へと進めば、「すべての生きもの」と書いてあり、一尾《び》のコイも生物界全体の一員であるとの潜在意識の把握《はあく》が、表現されています。円錐の底辺には「地球生命」とありますが、これは地球上のすべての生きものが個々《ここ》別々《べつべつ》、相互《そうご》不干渉《かんしょう》で生きているのではなく、一つの生命体のように、相互が密接に関係しながら統一性のある全体を形成している――これを潜在《せんざい》意識が感じているということです。

この心の円錐《えんすい》形を「ボクのコイ」を見ている「目」の側から見た図が、次のものです（図11）。横に倒《たお》した円錐を、先端《せんたん》の側から見た図です。ちょうど同心円の形になっています。この図が示しているのは、コイだろうが人間だろうが、すべての個生命は地球生命の一部であるという事実です。しかし、その事実は、見る人の意識の広さ如何《いかん》で、見える時もあれば見えないときもある。「唯心《ゆいしん》所現」の原理が教えるように、私たちが見ている世界は、自分の心の反映である。だから、私たちがここ（円の中心）に

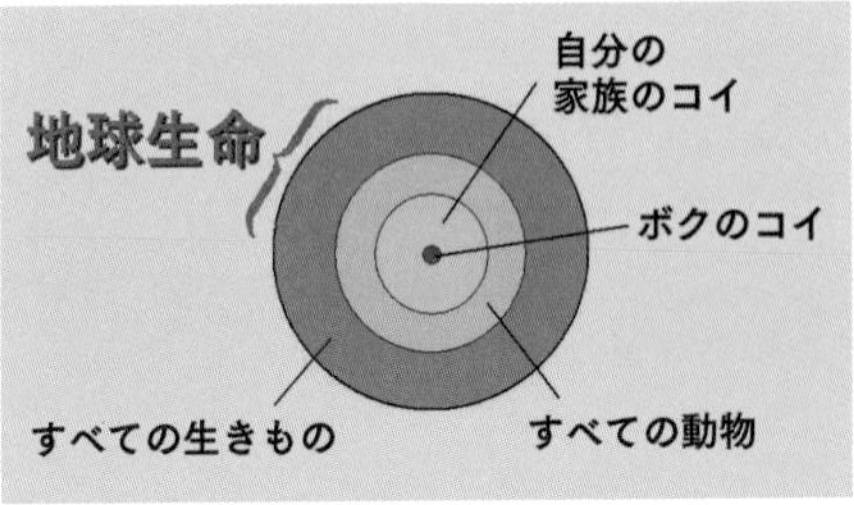

図 11

注目すれば注目するほど、こちらの方（円の外側）の方は見えなくなってくる。こっち（円の中心）の利益を優先していると、こっち（円の外側）の利益のことは分からなくなってくる。でも事実は一つしかありませんね？　それは何かといえば、地球生命があってこそ自分があるということです。それ以外の事実はないけれども、私たちが自分の利益ばかりを考え、それに固執《こしゅう》していると、地球上の他の生物を犠牲《ぎせい》にしても、自分は幸福になりうるという錯覚《さっかく》に陥《おちい》るのであります。他の生物種を犠牲にしても、人類は繁栄《はんえい》することができると考える。これが現代文明の――言い直すと〝旧文明〟の大きな問題だと私は思うのであります。人間が自由に、自然界のすべてのものを最大限に利用することで、天国のような理想的状態が実現する――とんでもない間違《まちが》いだと私は思います。

さて、この円錐《えんすい》形が、一人の人間の心の模型だということは理解されたと思います。この円錐の喩《たと》えを、地域や国、人類全体に拡大して考えてみます（図12、

図12

左端《ひだりはし》から一つずつ円錐《えんすい》を映し出す)。この図の左端の円錐形は、個人がもつ心だとします。そうすると、その個人を抱《かか》える地域のすべての人々《ひとびと》の心の集合として、〝地域の心〟というものを想定できるでしょう。自治体とか、地域社会とか、地方公共団体とか、そういう個人の集合は、寄合や議会や指導者を通じて意思決定をしますから、それらを〝心の動き〟と考えるのです。すると、地域社会にも心があると言える。そして、その地域社会の利益は、本当は個人の利益と一致《いっち》するけれども、しかし個人の利益に執着《しゅうちゃく》し過ぎると、双方《そうほう》が対立するような錯覚《さっかく》が生じるのです。

国家の場合も同じ比喩《ひゆ》が使える。ある地域が繁栄《はんえい》しても別の地域が衰退《すいたい》する。それが今の日本です。都市化が進行していくと、ある地域の経済発展はある地域の犠牲《ぎせい》を伴《ともな》うなどと考えるけれど、本当はそんなことはない。皆《みな》私たちの〝心の影《かげ》〟である。

そして国家の利益が人類の利益と反するということはありません。しかし、私たちが自分の国ばかりに目を向けて執着《しゅうちゃく》していると、そういうことが起こるような錯覚《さっかく》に陥《おちい》る。同じようにして人類が生きて繁栄《はんえい》していくためには、地球生命を犠牲にしてはいけないのですが、そうしなければ人類は繁栄しないと考えている人もたくさんいる。

これらの錯覚は、この図にある五つの円錐《えんすい》が、それぞれバラバラに分離《ぶんり》した存在だと考えるところから生じるのです。生長の家では、これら五つをみな重ね合わせる（図13）。これが〝本当の世界〟だと考えるのです。地球生命があってこそ人類が繁栄するのであり、人類全体の福祉《ふくし》が増進することで、国家が繁栄するし、

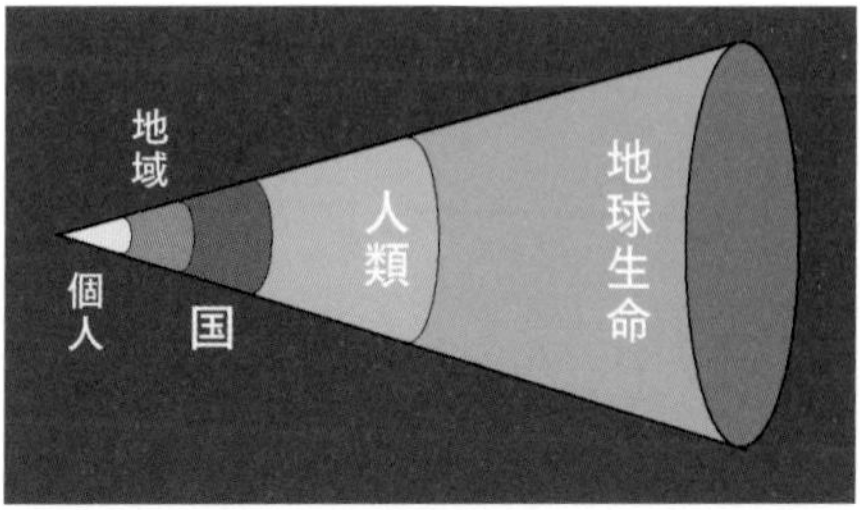

図13

地域も個人も幸福になる。その逆を行ってきたのがこれまでの〝旧文明〟です。地域と個人の利益は反するし、国家と個人の利益は対立するし、人類の利益は個人とは関係がない……などと考える。その原因は、これら五つの円錐《えんすい》が相互《そうご》につながりのないバラバラな存在だと考えるからです。

私は今、人間は個人の立場を捨てるべきだと言っているのではありません。誤解しないでください。個人の円錐と、残りの四つの円錐とを切り離《はな》して考えるのが間違《まちが》いだと言っているのです。個人は、それを支える地域や国、人類と地球生命全体から切り離されて幸福になる道は決してない。しかし、それが〝ある〟という錯覚《さっかく》を抱《いだ》いている人が少なくない。五つの円錐は、一つの大きな円錐の、互《たが》いに調和した部分なのです。

この円錐《えんすい》の立体モデルを使いますとね、私たちの意識は普通《ふつう》、ここにあります(円錐の先端《せんたん》を指す)。肉体人間として、私たちが自分を考える時です。しかし、神の子としての人間は、これ(円錐)全体なのであります。つまり、個人、地域、国、人類、地球生命を内にもった存在です。そうではあるけれども、ここ(円錐の先端)にばかり注目し、肉体人間が自分だと思っている人には、自分の全体像が見えなくなってしまう。

しかし、生長の家の教えに触《ふ》れて真理を知ると、だんだん意識レベルが高くなってきて、自分の中にある他者との自他一体感に気づいてくる。それが人間関係の中で起こるだけではなく、さらに深部にある、あるいは背後にある、生命全体に対する自他一体感にも目覚めてくるのです。別の表現を使えば、この〝心のコーン〟が水中からだんだん上がってくる(図14)。潜在《せんざい》意識の中に隠《かく》れていた他者との一体感を、意識のレベルに引き上げることができるようになるのです。これまでの人類の〝旧文明〟の考えでは、〝心のコーン〟をだんだん下げていくことによって人間は幸福になる。そう思っていた（図15）。これからの〝新文明〟では、その動きを止めて、〝心のコーン〟をだんだん上げていき意識を拡大しましょう——簡単に言えば、そういうことであります。

図14

図15

〝新しい文明〟はすぐそこに

さて、それでは、私たちはどうすれば意識の拡大ができるでしょうか？　方法はたくさんあります。ここに掲《かか》げてあるのは、そのリストです。ここには、生長の家で昔から言ってきたことが先頭の三行に並んでいますね(図16)。神想観《しんそうかん》、聖経・聖典等の拝読、そして愛行は「三正行」[17]と呼ばれるものです。

神想観
聖経・聖典等拝読
愛行
自然観察
絵手紙・絵封筒
写真・絵画制作
クラフト制作
自転車通勤
自然の恵みフェスタ

不要物のない生活

図16

神想観とは何でしょうか？　神様が私たちの中にいらっしゃる——それは、私たちの中にすべてがあるということです。そのことを理論的に理解するのは「聖経や聖典等を読む」ことで可能です。しかし、理論は信仰《しんこう》ではありません。神を直接感じ、神との一体感を実際に体験するのが神想観《しんそうかん》の目的であります。もちろん、神を理性によって知る理論的理解も大切で、これら両方が必要です。これに対して「愛行」は、頭で理解し、心で実感したことを実際生活で他者に対して実行することです。そうすると、個人の頭と心の中に生まれた神への理解が、単なる理論や思い込《こ》みでなく、相手との関係の中で直接的に体験できる。「人間は神の子だ」ということが、自分一人のことではなく、愛行の相手についても、したがってすべての人間についても言えることが分かる。

この愛行に続いて、リストの後方には生長の家でこれまで勧《すす》めてきたことが出てきます。これらについては、文字で示すよりも写真や絵で例示したほうが分かりやすいので、そういたします。

まず「自然観察」がなぜ必要かといったら、これは実際に自然と触《ふ》れ合う経験をもたなければ、自然を感じられず、自然の美しさや素晴らしさを感じ、一体感をもつことができないからです。自然を感じることができないのに、自然を創造

図 17

図 18

された神を知ることはできません。目で見るだけでなく、耳で聴《き》き、肌《はだ》で触《ふ》れ、鼻で匂《にお》う——これは植物と虫との関係を示す写真（図17）ですが、こういう異種の生物同士が密接につながっている豊かな自然を、自分がどう感じるかも理解できる。多様な生物が共存する〝地球社会〟が本当であって、それに触れる自分も喜ぶことが分かる。これは理論じゃない。実際に見て、花の匂いをかいで、虫の羽音を聴く。それによって私たちは、自分が単に人間の肉体をもった個的存在ではないということが分かります。

次の写真（図18）はカマキリです。私の執務室《しつむ》の脇《わき》のベランダに、ある日、カマキリさんがやって来たので、写真を撮《と》りました。かなり大型だったので、近づいていくのに緊張《きんちょう》しました。相手のカマキリも警戒《けいかい》して体の動きを止め、私も相手を観察しながら写真を撮りました。そういう虫との交渉《こうしょう》の中で、私は何となく〝心の交流〞みたいなものを感じたのです。錯覚《さっかく》かもしれないけれども……。これによって私は、カマキリと自分とが「同じ生き物」であるということが、理論でなく肌身《はだみ》で感じられました。

図19

次には空の写真（図19）です。東京では建物が多くて、空はあまりよく見えないですが、田舎では空は広い。そして美しい雲が、ものすごく多様な形や色に変

図20

化しながら、頭上を移動していくのに感動します。それを見るだけで気分が晴れ晴れするし、幸せな気分になります。雲には命がないと普通《ふつう》考えますが、生命の躍動《やくどう》と同じものを感じるのです。

次は、妻が出てきました（図20）。私の家の裏が林になっているのですが、そこに夏の七月くらいになるとハナビラタケ[18]が自然に出ます。これは高級食材で、とても良い出汁《だし》が出るし、歯ごたえがいい。天然物のキノコの採取は、自然観察をしなければできません。どんな時期に、どんな場所に、どんな種類のキノコが出るのか。食用とそうでないもの、特に毒キノコをどうやって見分けるか（図21）。そういう観察を通して、人間と自然との距《きょ》離《り》はどんどん縮まります。

図21

図22

それから次に、誰《だれ》かが出てきましたが、私がダイコンの収穫《しゅうかく》をした時の写真（図22）です。野生の食材だけでは満足できない場合は、自分で野菜を作ることになります。これも自然との距離《きょり》を縮める行為《こうい》で、作物と自分とを同一化して、その成長を望みながら世話をする。自然と一体の気分を体験できるだけでなく、実際に肉体の栄養源になりますから、食べることで自然を取り込《こ》むのです。これは、都会生活で手を汚《よご》さずに野菜を食べるのとは少し違《ちが》う。できるならば、皆《みな》さんにもお勧《すす》めしたい。

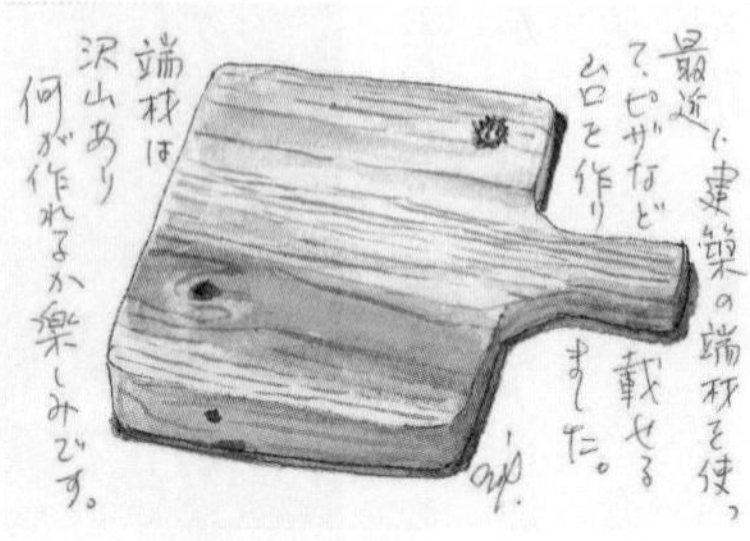

図 23

図 24

マンションやアパートに住んでいる人は、ベランダで菜園をやってみてもいいと思います。

そして、野菜は採って食べるだけでは勿体《もったい》ない。いろいろな形や色を見ていると、それを絵に描《えが》いて表現したくなる。粘土《ねんど》や彫刻《ちょうこく》で再現したくなる人もいるでしょう。また、木目の美しさや肌触《はだざわ》りを生かして、木工製品を作りたくなる場合もある。私は絵を描くことを趣味《しゅみ》としているので、これは、自作した木製のピザ台を絵手紙に描きました（図23）。文面にはこう書いて

図25

ありますーー「最近、建築の端材《はざい》を使ってピザなどを載《の》せる台を作りました。端材は沢山《たくさん》あり、何が作れるか楽しみです」。それ以降、時間がなくて、大きなものは何も作っていませんが（笑い）、小さいものは作りました。

それから、絵封筒《ふうとう》（図24）にはいろいろな描《えが》き方がありますが、こういう花の絵の作品もできるし、これも自然と近づく喜びのひとつであります。

クラフトの製作もしています。小型の木工作品と言ったのは、このことです。これは木製のバッジです（図25）。どこかで見たことがある人もいると思いますが、今日、眞藤《しんどう》・青年会会長（当時）が胸に付けていたバッジが、これなのです。昨年（二〇一四年）十月、〝森の中のオフィス〟で行われた「自然の恵《めぐ》みフェスタ

図26

2014」[19]で、SNI自転車部[20]のメンバーを中心とした〝天女山ヒルクライム〟という自転車イベントをやりました。その時の「参加賞」として私が作ったものです。木工品などは、それを「作る」という行《こう》為《い》の中で、木の香を感じたり、肌触《はだざわ》りを楽しんだりでき、またスギ材を使えば、スギの木の性質、他の木材との違《ちが》いなども憶《おぼ》えることができる。これらすべては、自然との距離《きょり》を縮め、自然をより深く知る結果になります。

さて、「森の中の交友会」[21]については、すでに説明がありました。これ（図26）は、その交友会参加の職員たちが用意した、それぞれの手作り作品です。クリスマス・プレゼント風に包装してあります。この包装紙も、新品を買うのではムダ遣《づか》いに

図 27

なりますから、各自が家に残っていた包装紙などを利用し、工夫して美しく着飾《きかざ》らせ、プレゼント交換《こうかん》をしたのです。

次に出てきたのは、たぶん自然素材を使った一番簡単なクラフトです。誰《だれ》でも手軽に作れるので、皆《みな》さんに紹介《しょうかい》します（図27）。写真の左側は松ぼっくりで、都会にも結構落ちていますね。その右にあるのは、「森のエビフライ」と呼ばれるものです。こういうものが、本当に森の中に落ちているのです。何かというと、左の松ぼっくりをリスが取ってきて食べる。そうすると、右のようなエビフライの形になるのであります。これは人間が作るのも簡単で、彫刻《ちょうこく》刀かマイナスのドライバーで周辺を削《けず》ればいいのです。誰でもできるので、松ぼっくりを拾ったら、皆さんもぜ

図 28

図 29

ひ作ってみてください。

自転車の話がありました。私はおかげさまでSNI自転車部に入らせていただき、「天女山ヒルクライム」に参加しました。写真（図28）はそのイベントの中で、埼玉教区の白鳩会の幹部の方がゴールの山頂近くまで来た時のものです。まだ余裕《よゆう》がある走り方をされています。また私は自転車通勤をしていますから、天気の良い日には美しい風景を楽しむことができます。これ（図29）は、オフィスの近くにある県立まきば公園でのワンショットです。このように広大で美しい自然を直接全身で感じると、私たちの意識は拡大します。

「自然の恵《めぐ》みフェスタ」の話も出てきました。この写真（図30）は、白鳩会の方々《かたがた》が――中央に私の妻が写っていますが――フェスタで焼きリンゴを提供したときの記念撮影《さつえい》です。

図 30

山での生活を維持《いじ》していくためには、やることがたくさんあります。その一つは薪作《まきづく》りです。私たちは二酸化炭素を排出《はいしゅつ》しない〝炭素ゼロ〟の生活を心がけていますから、化石燃料の使用は避《さ》け、地元の木質バイオマスである薪、ないしはペレットを燃やして冬期を過ごします。私の家は薪ストーブなので、まだ暖かいうちに薪を作っておかなければなりません。この写真（図31、次頁）は、私の秘書室の人たちが薪作りを手伝っ

図31

図32

てくれているところです。こちらは今年（二〇一五年）の冬の写真（図32）ですが、雪が降ると気温は氷点下となり、なかなか厳しい寒さです。でも、室内は薪のおかげで暖かです。画面の右下に写っているのは薪割《まき》り機であります。斧《おの》を振《ふ》るうのはなかなか大変なので、これを使って薪を作ります。木を割ると木の香が周囲に満ち、幸せな気分になります。割れ目から虫の幼虫が現れることもあり、木が割れる「ボンッ」という音は腹の底に心地よく響《ひび》きます。

意識の拡大
→欲望の制御

図33

こういう活動をしていて感じるのは、自然との距離《きょり》が縮まるにつれて、私たちは肉体と五感のすべてが活性化し、精神も高揚《こうよう》する。そして疲労《ひろう》感というよりは、深い満足感を得られるということです。この満足感は、自分は自然の大きな営みの一部であり、それと同時に、自然界は自分の延長だという実感から生まれると考えます。そういう意識の拡大ができれば、欲望というものは自然に、適度に制御《せいぎょ》されるし、それでいて人間は十分喜びを感じている。このことから、「意識の拡大が欲望を自然に制御する」（図33）と言えるのであります。

これまでに取り上げた「意識拡大法」は、あくまでもサンプルです。このほかにも皆《みな》さん自身の得意な分野から、自然との一体感を深める意識拡大の方法を工夫できると思います。今日の話は、そのための参考にしてください。ただし、三正行は宗教行として大切ですから、怠《おこた》らないように……。

さて、これまでの話でお分かりのように、〝新しい文明〟への道は、私たちのすぐ目の前にあるのです。それは、〝旧文明〟の効率化、省力化、自動化の流れの中で見過ごされ、軽視され、避《さ》けられてきたかもしれませんが、昔から人類が行ってきた活動の中にある。それをひと言でいえば、「自分の肉体をきちんと使う」ということです。すぐに既製《きせい》品を買うのではなく、自分で工夫して作ってみる。「肉体を使う」ことは「頭を使わない」ことではありません。肉体を使えば脳が活性化し、新しい発想が生まれます。「面倒《めんどう》くさい」と思うかもしれないけれども、やってみてください。必ず創造の喜びが湧《わ》き出てくるでしょう。神様は、私たちが喜びを得る道具として肉体を与《あた》えてくださったのですから、それを活用しないといけません。肉体は使わないと、どんどん衰《おとろ》えていきます。私たちの〝神の子〟の本性を表現するために、肉体に感謝し、大切に世話しながらフルに活用する。それは肉体の欲望に従うことではありません。それを制御《せいぎょ》しつつ、自然と一体である「神の子の本性」を表現するのです。

さて、最後になりましたが、『新版 栄える生活365章』[22]をお持ちの方は一六九ページを開けてください。そこに「真に幸福を得《う》る道」という題のご文章があります。ここに谷口雅春先生のお言葉で、私たちの欲望と幸福との関係がしっかりまとめてあるので、朗読いたします。

真に幸福となるためには、自己の欲望を正しき方向に制御しなければならない。制御なき欲望の飽《あ》くなき充足《じゅうそく》を求めるのは、恰《あたか》もゴー・ストップの信号なしに十字街頭に無数の自動車を勝手気儘《きまま》に走らすようなものであって、必ずや自分自身が傷つくのである。〝肉体的自己〟の利己的欲望を適当に制御した者のみ〝本当の自己〟の自由を得《う》るのである。真に幸福となるためには謙遜《けんそん》で下の位置につかなければならない。自己の現在の力量《りきりょう》以上に高き位置につこうとするならば常に下に落される危険を感じてその人は幸福になることはできないのである。

（『新版 栄える生活365章』一六九頁）

私たちの幸福は、本当は今目の前にあるけれども、それがどこか別のところに――何時間もネット検索《けんさく》をしてやっと見つけるというような、そんな遠いところにあるように考えているフシがある。しかし本当は、自然と一体である神の子の自覚が、幸福の源泉なのです。その自覚は、毎日三正行を実践《じっせん》することから生まれます。三正行の中に「愛行」がありました。この「愛」とは自他一体の感情です。もちろん人間同士の愛はとても重要です。しかし、それは「自然への愛」と矛盾《むじゅん》するものではありません。むしろ「自然への愛」が実践《じっせん》されるとき、人間の意識は拡大し、人間への愛も深まるのです。

どうか皆《みな》さん、自然と人間とが調和した〝新しい文明〟を築くため、意識拡大と愛行実践の生活を創意工夫し、喜びをもって前進してください。

時間が少し超過《ちょうか》しましたが、これで講話を終わらせていただきます。ご清聴《せいちょう》ありがとうございました。(拍手《はくしゅ》)

〈注〉

出典は、『生長の家』二〇一五年七月号、四～四六頁から。

1 Samuel Phillips Huntington, *The Clash of Civilizations and the Remaking of World Order*, 1996.

2 サミュエル・ハンチントン著/鈴木主税訳『文明の衝突』五五～五六頁。

3 ヨハネス・グーテンベルク(Johannes Gutenberg, 1400頃—1468)。ドイツの技術者。活版印刷術の発明者とされる。一四五〇年ごろ、鋳造活字を使った印刷機を考案して印刷所を開業。印刷した聖書には『四十二行聖書』『三十六行聖書』がある。

4 十六世紀のヨーロッパで、カトリック教会の内部に起こり、プロテスタント諸教会を生み出した宗教的、政治的、社会的な変革運動。ルターによる『九十五カ条論題』の贖宥状(免罪符)

批判から始まる。

5 一五一七年十月三十一日、ルターが贖宥状（免罪符）の効力についての批判的な見解を、九十五の命題の形で公表した文書。ルターは心からの悔い改めこそ救いに至る唯一の道であるとして、ローマ教皇が発行した贖宥状（免罪符）の購入により神の罰を免れるという考えを否定した。ドイツ語に訳されて広く流布し、宗教改革の口火となった。

6 羊・山羊・牛などの薄い皮をなめし、滑石で磨いて作った筆写用材料。

7 永田諒一著『宗教改革の真実――カトリックとプロテスタントの社会史』三四頁。

8 イギリスの歴史家、ポール・ジョンソン氏はこの当時のヨーロッパの印刷事情について「西洋で最も早く出版された本は、一四五四～七年にマインツで」と書き、その後、「一五〇〇年までには、イタリアには印刷所が七十三、ドイツには五十一、フランスは三十九、スペインには二十四、ベネルクス三国には十五、スイスには八」があったと記述している。
Paul Johnson, *A History of Christianity* (New York : Atheneum,1976), p.269

9 字が読める一人が、読めない人々の前で音読して聞かせる読書形式。宗教改革の推進派は、当時の低い識字率を補うために「集団読書」を行なったり、木版画・銅版画で人々を啓蒙しようとした。

10 二〇一〇年末ごろから中東・北アフリカ地域で本格化した反政府民衆運動。二〇一〇年十二月にチュニジアで発生した反政府デモを発端に、アラブの大多数の国に大規模抗議デモや反政府集会が伝播し、一部の国の政権交代につながった。

11 自然界における生物が、捕食者と捕食される者との関係で鎖状に連なっていること。

12 谷口雅宣著『次世代への決断――宗教者が〝脱原発〟を決めた理由』（生長の家、二〇一二年）

13 谷口雅宣著『小閑雑感 Part 13』（世界聖典普及協会、二〇〇九年）

14 木材、海草、生ゴミ、紙、動物の死骸・糞尿、プランクトンなど、化石燃料を除いた再生可能な生物由来の有機エネルギーや資源のこと。

15 谷口雅宣著『大自然讃歌』（生長の家、二〇一二年）

16 谷口雅宣著『宗教はなぜ都会を離れるか？——世界平和実現のために』（生長の家、二〇一四年）

17 生長の家の大切な行とされている神想観、聖経や讃歌の読誦・聖典等の拝読、愛行のこと。

18 担子菌類ヒダナシタケ目ホウキタケ科。全体の直径は十〜三十cmで、白色から黄白色をしていて食用となる。栽培したものは食品として売られている。

19 倫理的な生活の意義や喜びを伝え味わうためのイベント。生長の家〝森の中のオフィス〟をはじめ、全国の生長の家の拠点において開催されている。

20 生長の家プロジェクト型組織の一つ。〝省資源、低炭素の生活法〟の取り組みとして、通勤や通学、買い物など、生活の中で自転車を活用することを勧めている。

21 生長の家〝森の中のオフィス〟で、クリスマスの時期に開催されているイベント。オフィス職員とその家族が、環境に負荷をかけず手作りしたプレゼントの交換などを行っている。

22 谷口雅春著『新版 栄える生活365章』（日本教文社、一九九六年）

「悪《あく》を認めない」という意味

谷口雅宣

悪を放置するのか？

私は、生長の家の講習会のために毎年、日本各地の約三十カ所へ行く。日曜日の午前十時から午後三時までが一般《いっぱん》的な講習会の時間帯で、午前と午後にそれぞれ約一時間の講話と、参加者からの質問に答える時間がある。参加者の数は、講習会を行う県によって大きく異なり、多い場合は一万人を超《こ》えるが、少ない場合は千人を切る。

平成十八年三月五日に大阪城ホールで行われた生長の家の講習会には、二万四二〇九人の受講者があった。その日の午前の講話で、私は「悪と戦う」ということは実相（神の創造の本当の姿）に於《お》いては非存在の悪を心で認めることになるから、好ましくないという話をした。すると、質疑応答時の質問の中に、「生長の家は悪《あく》を放っておいて良いということですか？」と疑問を投げかけるものがあった。そのほかにも、「悪は退治しないと滅《ほろ》ばないんじゃないかと思う」とか「仮の姿とはいえ表れているのだから、具体的解決法を提示すべき」とか「悪が現われなければ善が出ないということか？」など、いくつも質問が出された。これらの質問の中には誤解もあったので、私はその日の午後の講話の時間に、私の使った言葉の意味を説明し直したうえで、生長の家では「悪を放置」するのではなく、「本来非存在」である悪を本来の無に帰するために「善を行う」ことに力を入れる、という点を伝えた。

先に書いたように、善と悪の問題は宗教上も哲学《てつがく》上も大変奥《おく》が深く、難しい問題でもあるので、数十分の講話で的確 充分《じゅうぶん》な回答ができるものではない。そこでここで補足を試みよう。もちろん、単行本一冊で充分な説明が可能かどうかの問題は依然《いぜん》として残っている。

まず「悪《あく》はどこにあるか？」について考えてみよう。かつて「オウム真理教」と呼ばれた宗教団体の教祖、A氏[1]が、いま刑事被告《けいじひこく》人となって裁判を受けている。ではA氏は悪だろうか？　そう訊《き》かれたならば、私は「A氏は人間である」と答えるだろう。「では、彼《かれ》は悪くないのか？」と訊かれたならば、「もちろん、悪い行為《こうい》をした」と答える。「悪い行為をした人間は、悪ではないか？」と訊かれれば、「行為が悪であっても、それを実行した人が悪そのものということにはならない」と答えるだろう。「何をまどろっこしい！」と読者は腹を立てるだろうか？　私がここで言いたいのは、「悪い行為」「悪い人」「悪い病気」などはあったとしても、「悪そのもの」や「悪という実体」がどこかに厳然として存在するのではない、ということである。だからもちろん、よく〝悪の権化〟と見なされる「悪魔《あくま》」などは存在しない。このことは、二〇〇三年に出した『小閑《しょうかん》雑感 Part 3[2]』の中で、「釈迦《しゃか》と「悪魔」という対話形式の文章などに表現したことがある。興味がある方は、そちらを参照されたい。

さて、A氏が「悪そのもの」でないとしても、「戦争は悪ではないか？」と読者は問うかもしれない。私は「戦争は悪い」という言葉に一〇〇％、いや二〇〇％賛成するが、戦争という実体の存在を認めない。つまり、戦争というものは、一定の空間上の容積や質量をもった物質的存在ではないということだ。戦争はそういう「実体」ではなくて「状態」である。実体として存在するのは、戦車や戦闘《せんとう》機やクルーズ・ミサイルや兵士や空母やイージス艦《かん》やレーダーや将軍や弾薬《だんやく》や核《かく》兵器……などだ。しかし、これらはすべていわゆる〝平和〟の時にも存在する。平時には軍事演習もあるのだから、ミサイルが空を行き交っても、迫撃砲弾《はくげきほうだん》が飛んでいても、そのこと自体が「戦争」ではないし「悪」でもない。これらの兵器や装備は「悪の媒体《ばいたい》」となることもあるが、「善の媒体」としても機能する。例えば、自衛のために使われたり、国連の制裁措置《そち》の一環《いっかん》として使われたり、あるいは国威《こくい》を示すためのデモンストレーションとしても使える。

ということは、私たちが普通《ふつう》に「善」とか「悪《あく》」と言う場合、それは、ある「状態」に対する評価である場合がほとんどなのである。よく言われることは、コップに水が半分入っている状態を見て、ある人はそれを「半分しかない」と否定的に評価する一方、別の人は「半分も入っている」と肯定的《こうてい》に評価する。これと似たようなことを、私たちは善悪を判断する時にも行う。先に挙げたA氏の行為《こうい》でさえ、日本の大多数の人は「悪い」と評価することは疑う余地はないが、地下鉄サリン事件などの実行犯となった信者や教団幹部は、その当時、命令された行為を「善い」と信じて（あるいは信じようとして）実行したことが分かっている。

こういう諸々《もろもろ》の事実を考えてみると、「悪」なるものは実体としては存在せず、それは評価する人の心に生じる否定的な力（拒絶感《きょぜつ》）を、外部に投影《とうえい》したものであることが分かる。したがって、「悪《あく》はどこにあるか？」との問いに対しては、「人間の心の中にある」と答えることができるだろう。

しかし「悪は人間の心の中にある」という言い方は、その言葉だけを取り出して眺《なが》めてみると、誤解される余地がある。その誤解とは、悪が人間の中にあるのであれば、人間は「神の子」ではなく「悪の子」ないしは「罪人」と言えるのではないか、と考えた場合である。私が「悪は人の心の中にある」というのは、「悪を悪として感じる原因は、人間の心の中にある」という意味である。先に触《ふ》れた「釈迦《しゃか》と悪魔《あくま》」という文章には、この「悪を感じる原因」のことを「悪さの量《はか》り」という言葉で表現している。また、その反対に「善」を感知するもののことを「善のセンサー」と表現している。

この二つの〝測定器〟は、本質的には同じものと言っていい。それはちょうど、「同じ幅《はば》の目盛が入った長い物差し」のようなもので、物差しの上の数値には「正の値」もあれば、下には「負の値」もあるというわけだ。単純化して書けば、こんな感じだろうか——

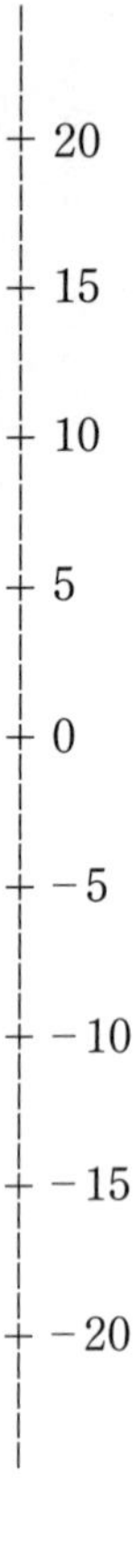

私たち人間は皆《みな》、こういう善悪《ぜんあく》を測る〝物差し〟のようなものを心の中にもっていて、周囲で起こる様々《さまざま》な事象や現象に、この物差しを当てて測るのである。そして、「これはすごく善い」とか「これはちょっと悪い」とか「これは善でも悪でもない」……などと評価する、と考えることができる。

問題は、この〝善悪測定器〟が各人バラバラである場合が多いことだ。前述した「コップに水が半分入っている状態」を思い出してほしい。これをプラスの価値として見る人と、マイナスに捉《とら》える人がいるだけでなく、同じ人間でも、喉《のど》が渇《かわ》いている時とそうでない時とでは、評価が違《ちが》う傾向《けいこう》があるから、やっかいだ。もっと大がかりな例を出すと、かつてイラク戦争が行われている最中、アメリカのブッシュ大統領がパキスタンを訪問したことがある。その際、反米デモが起きたことが報道されていたが、このデモ隊の中に「ブッシュはテロリストだ！」と書いたプラカードがあった。私のような日本人の立場からは「ナンデそうなるの？」と不思議に思ったものが、アフガニスタンに続いてイラクの政権が米軍の武力で転《てん》覆《ぷく》され、ミサイルやロケット砲《ほう》で戦闘《せんとう》員以外の数多くの人々《ひとびと》が殺されたことを身近に感じているイスラームの人々から見れば、そういう言葉が自然に出るのかもしれない。彼《かれ》らは、「ブッシュは悪《あく》だ！」と言っているに等しい。そして、ブッシュ大統領から見れば、一部のイスラーム過激派の勢力が「悪」そのものに見えただろう。

こういう場合、いったいどちらが「善」でどちらが「悪《あく》」なのだろう？　あるいは、もう少していねいに質問すれば、どちらが「より善く」て、どちらが「より悪い」のだろう？　この質問への答えは、答える人によって違《ちが》うだろう。なぜなら、心の中にある〝物差し〟は各人によって違うことが多いからだ。このように考えてくると、「悪と戦う」ことや、「悪を退治する」ことが、この世から悪を消すことにつながると考えるのは、単純すぎるということが分かってくる。

言語や文化が共通した一国内にあっては、人々《ひとびと》の心の中で善悪を測定する〝物差し〟も似通ってくる。道徳や法律や倫理《りんり》は、そういう共通した〝物差し〟の上に成り立っている。しかし、そんな共通の物差しがある場合でも、前に取り上げた「A氏」を裁判官が「悪」だと認めて彼《かれ》を死刑《しけい》に処せば、「悪」はなくなるのだろうか？私は、A氏の肉体は消えても「悪」がなくなるとは思えない。また、別の条件下で、〝物差し〟が一部狂《くる》ったX氏やY氏が現われて、悪事を働くことになるだろう。

「では、悪《あく》を放置しておくのか？」と、読者は再び問うだろうか。私は、「悪という実体」はないと言っているのだ。実体のないものは、放置するもしないもないのである。そこにあるのは「悪」ではなくて、私たちがある事件や人物に対して、心の〝物差し〟を当てた時に「負の値」を示した――という「状態」があるだけである。この〝物差し〟の当て方を変えたならば、同じ「状態」であっても、負の値を示さない（つまり、悪いと思わない）かもしれないのである。こうして、「心によって悪が消える」という魔法《まほう》のような可能性が生まれてくるのである。

「悪を認める」とは？

二〇〇七年一月二十八日には、生長の家講習会は愛媛県松山市で行われた。そこでは、よい質問が多く出た。私はそれに丁寧《ていねい》に答えようとし、また質問が多かったこともあったから、講話の時間が予定をオーバーしそうになった。それでもすべての質問に対して答えられず、また答えの内容も十分意を尽《つ》くしたという自信がなかった。そこで、遅《おく》ればせながら、この場で少し補足させていただこうと思う。

午前中の講話で「唯心所現《ゆいしんしょげん》」の原理を説明したとき、私たちの世界観や人生観が、マスメディアから得る情報にいかに大きく左右されるかを示すために、犯罪統計に関する簡単なクイズをした。戦後日本の犯罪は減っているのに、ほとんどの人は増えていると感じている。また、犯罪の質も「凶悪化《きょうあくか》」しているわけではないのに、凶悪化していると感じている。その理由は、私たちが〝悪いニュース〟に注目し、マスメディアも〝悪いニュース〟を大きく扱《あつか》うだけでなく、何回も繰《く》り返して報道し、さらに「続報」と称《しょう》するその後の話を延々《えんえん》と流し続けるからだ、という意味のことを言った。これでは、私たちは社会を挙げて「悪を認める」運動をしているようなものだから、唯心所現の原理によって現象世界から悪はなくならない。

そして、生長の家は「悪いことを心に記録しない」という日時計主義の生き方であることを話し、ついでに『日時計日記』[3]の宣伝もした。

これに対し、三通の質問が来たが、最も的を射て分かりやすいものを次に掲《かか》げよう。新居浜《にいはま》市に住む四十二歳《さい》の男性の質問である。……

一般《いっぱん》論では、ものごとを良くしようとした場合、欠点を認め、それを改善するのが最も良いとされています。生長の家でも地球環境《かんきょう》問題にとりくんでいるのは、地球温暖化現象という悪《あく》を認めているからではありませんか？唯心《ゆいしん》所現という意味は良く分かりますが、実際の応用（の仕方）が良く分かりません。

この問題は、前に挙げた「悪を放置するのか？」という質問と似ている。その際私は、この世界には「悪《あく》そのもの」や「悪という実体」は存在せず、ある対象を評価する人間の心の中に否定的な力（拒絶感《きょぜつかん》）が生じたときに、その対象を仮に「悪」と呼ぶ、と述べたのである。つまり、「悪」とは人間の心の中に生じる否定的な評価を外部に投影《とうえい》したもの、と言えるのである。

この質問者が挙げた例を使えば、私たちは地球温暖化現象を否定的に評価して「悪い」と思うのであるが、しかしどこかに何か黒々《くろぐろ》とした「悪」という実体があるわけではない。大気中の温室効果ガスが増加していくという「状態」があるだけである。温室効果ガスの主成分である二酸化炭素（CO_2）は、それ自体は善でも悪でもない。また、大気中にCO_2を排出《はいしゅつ》する行為《こうい》そのものも「悪」とは言えない。その証拠《しょうこ》に、私たちは常にCO_2を鼻や口から吐《は》いているが、誰《だれ》からも咎《とが》められない。さらに言えば、工場や自動車からCO_2を排出することも、それ自体が悪というわけではない。なぜなら、産業革命の初期に蒸気機関や工場から排出されるCO₂のことを「悪い」と評価した人はいないと思われるからだ。

現在それが「悪い」ことのように扱《あつか》われているのは、大気中のCO₂の濃度《のうど》が上昇《じょうしょう》し続けていて、その結果、地球の平均気温が温室効果によって上昇し始め、地球環境《かんきょう》や生態系にマイナスの影響《えいきょう》を与《あた》えている、と大多数の人間が評価しているからである。そして、私たちが地球環境問題の解決に努力しているのは、そういう「マイナスの評価」を私たちも共有していて、そのマイナスの度合いを減らすことが、人間社会のみならず、地球環境や生態系全体にとってプラスになると考えるからである。これを簡単に言えば、「欠けた部分を補い、より完全に近づける」努力をしているということだ。地球環境問題の背後に〝悪《あく》〟がいると認め、その〝悪〟に向って宣戦布告をするのとは、少し意味が違《ちが》うのである。

生長の家で「悪を認めない」というのは、「悪を実在として認めない」という意味が含《ふく》まれる。現象としての人間には欠陥《けっかん》や欠点はある。しかし、それを指摘《してき》して「お前はだからダメだ」と断定することは、事実上「現象の欠陥《けっかん》が永続する」と宣言することになるのである。これでは、欠陥を実在同然のものとして扱《あつか》っている。つまり、欠陥（悪《あく》）を実在として認めている。そんなことでは、その人の欠陥（悪）はなかなか消えない。それよりは、「貴方《あなた》はこの方面で優れているから、その優れた面を他のこういう側面にも応用すれば、もっとうまくいく」と助言し、相手の隠《かく》れた能力（実相）の顕現《けんげん》を信じて待つ方が望ましい。

この最後の部分が特に重要である。現象として欠点や欠陥が目の前に見えていても、実相がその背後にあるから必ず良くなるという強い信念と信仰《しんこう》がないかあるかで、「悪を認める」か「悪を認めない」かの違《ちが》いが出るのである。このような言葉の微妙《びみょう》なニュアンスの違いは、その時の講話ではうまく伝わらなかったかもしれない。

悪《あく》を認めない理由

生長の家で「悪を認めない」というのは、このように「悪を実在として認めない」という意味からだけではない。

「悪を実在として認めない」だけであれば、悪を「現象」としては認め、その内容を仔細《しさい》に検討したり、その原因を細かく分析《ぶんせき》するのが善を実現する正しい方法だ、という議論が成り立つ。しかし、生長の家では、そういう方法はお勧《すす》めしていない。なぜなら、これは「類は類をもって集まる」という心の法則の逆用になるからである。「悪い」ものに心の焦点《しょうてん》を合わせることによって、私たちには「悪い」現象が次々《つぎつぎ》に見えてくるのである。このことは、私たちがニュース報道の世界でよく経験することだ。例えば、どこかで「十七歳《さい》の少年が人殺しをした」というニュースが大きく報道されると、不思議なことに、連鎖《れんさ》反応が起こるのである。「悲惨《ひさん》な自爆《じばく》テロで大勢の人が殺された」と報道されると、同種の事件がそれに続いて起こることがある。これは、航空機事故についても観察されることがある。社会心理学の研究テーマとして興味ある現象だ。

〝悪《あく》〟はこうして社会的に伝播《でんぱ》すると同時に、個人の心の中にも拡がる傾向《けいこう》がある。誤解のないように言っておくが、私はここで仮に「悪」という言葉を使っても、それは実体をもった〝悪の塊《かたまり》〟のようなものを想定しているのではなく、(前に使った言葉を採用すれば)「人間の心の中に生じる否定的な力(拒絶感《きょぜつかん》)」のことを便宜《べんぎ》上そう呼んでいるのである。人間の心は、対極にあるものを同時同所に感じることが困難にできている。例えば、「悪」と隣《とな》り合わせに「善」が存在することを容認することが難しい。「悪」を思っているときに「善」を同時に思うことが難しい。否定的に見ているものを、同時に肯定《こうてい》することは難しい。だから、悪に心を集中し、悪を分析《ぶんせき》していれば、その周囲のものも悪として感じ、さらにその周囲に隣接《りんせつ》する、より広い領域にあるものも悪として感じやすい。こうして彼《かれ》の心には〝暗黒〟

なるものが次々《つぎつぎ》と広がり、それがまるで黒々《くろぐろ》とした実在であるかのような印象が生まれるのである。[4]

「悪《あく》を認めない」ことは、だからこのような心中の悪（否定的印象）の拡大を未然に防止する優れた方法でもあるのだ。「悪を認めない」どころか、心を実相の光明円満完全のイメージで満たすことは、「類をもって集まる」という強力な心の法則を発動して、私たちの心が現象の奥《おく》に光明・円満・完全を見出す契機《けいき》を与《あた》える。

谷口雅春先生は、この素晴らしい方法を用いられて数多くの著書を、力強い光明の言葉で埋《う》められている。例えば、『真理の吟唱《ぎんしょう》』[5]の「想念感情を浄《きよ》める祈《いの》り」には、次のような件《くだり》がある……

今より後《のち》、決して私は悪《あ》しき事を思わず、悪しき事を言わず、人を呪《のろ》うことなく、怒《いか》ることとなく、現象の悪に心を捉《とら》えられることなく、ただ善のみ、光のみ、美のみ、幸福のみ、豊かさのみ、調和のみ、平和のみの実相を心に見、コトバに発し、常に想念感情を浄《きよ》めて、この世界の実相たる天国浄土《じょうど》を地上に実現せんことを期するのである。

(同書、五九〜六〇頁)

私たちは、この教えに従って「日時計主義」を生きることにしている。だから『日時計日記』では、悪い出来事は書かないのが原則である。悪いことを書かない、印象しない、記録しない、思い出さない、という方法によって、多くの人々《ひとびと》は「悪《あく》はない」という実感がもてる。加えて、「よいこと」のみを書き、印象し、記録し、思い出すことによって、多くの人々は「善が満ちている」という実感を抱《いだ》き、その実感を通して、現象の背後にある善一元の世界の実在を確信することができるようになる。そういう宗教的実感や悟《さと》りへ到達《とうたつ》するための優れた方法が

「悪《あく》を認めない」という生き方である。

このように、私たちが「悪を認めない」ということには、①現象世界における「悪を実在として認めない」という認識論的（静的）意味と、②「善一元の実相を観ずる」という宗教的実践《じっせん》（動的）の意味の二つの側面があるのである。

〈注〉

出典は、谷口雅宣著『日時計主義とは何か？』二一～四〇頁から。

1 オウム真理教の教祖・麻原彰晃（本名 松本智津夫）元死刑囚のこと。一九九五年、地下鉄サリン事件に関連した殺人罪等で逮捕。二〇一八年、死刑が執行された。

2 谷口雅宣著『小閑雑感 Part 3』（世界聖典普及協会、二〇〇三年）

3 生長の家が発行する日記帳。人生の光明面を見る「日時計主義」の生き方を実践するために、毎日の喜びごとや感動を記載する。

4 社会心理学の分野で「認知の不協和の理論」として知られている。詳しくは、谷口雅宣著『心でつくる世界』（生長の家、一九九七年）の一一二頁以降を参照。

5 谷口雅春著『聖経版　真理の吟唱』（日本教文社、一九七二年）

原子力エネルギーの利用をやめよう

（二〇一一年八月七日／ロンドンで行われた一般《いっぱん》講演会での講演録〈抜粋〉）

谷口雅宣

東日本大震災《しんさい》が示した日本社会の姿

今年（二〇一一年）の四月、私は妻と共に、大地震《じしん》とそれに続く津波《つなみ》に襲《おそ》われた日本の東北地方を訪れました。そのとき私は、自然と一つになることの必要性を強く感じました。すでにビデオ映像や報道写真でご覧になった方も多いと思いますが、五〇〇キロ以上も続く沿岸地域一帯が、津波によって何もない平地と化し、一面泥《どろ》で埋《う》まっていました。その中で、わずかな人数の救援《きゅうえん》隊が、平地のところどころでクレーンや重機を使って、風景から失われたものを回復させようとしていました。その作業のほかは、人の生活の気配を示すものは何もありませんでし

東日本大震災《しんさい》の被災《ひさい》地
（2011年4月13日、著者撮影《さつえい》）

た。その作業は、絶望的に見えました。なぜなら、東北の風景から失われたものは、水田の一つや二つとか、建物の一区画、二区画などではなく、いくつもの街や港湾《こうわん》施設《しせつ》全体、広大な水田の広がり、そして工業地帯全体であり、それらが約二万の人命とともにごっそりと失われたからです。それはまるで私たちの文明の一画が、自然によってモギ取られたかのようでした。

こうした光景を目の前にして、私はとても頭を悩《なや》ませました。というのも、私はこれまで、人類は「自然の中に」いて、「自然と共に」あると考えてきたからです。自然が人類を破壊《はかい》したり、人類を罰《ばっ》する理由など、何ひとつ思いつきませんでした。その後、東京電力福島第一原子力発電所内の破壊の実態が明らかになってきました。原発周辺の住民たちの避難《ひなん》が始まりました。やがて「事故」の原因が公表されはじめました。原子炉《ろ》の冷却《れいきゃく》に必要な電源がすべて失われたというのです。その理由は、その原発は、全電源の喪失《そうしつ》など起こりえないという想定の下で稼働《かどう》してきたからです。言い換《か》えれば、原発事故の予防策はまったく不十分でした。地震《じしん》国の海岸近くに原発が建設されてきたという事実を考えれば、この予防策の欠如《けつじょ》はとりわけ深刻です。端的《たんてき》に言って、人間は自然をばかにしてきたのです。

津波《つなみ》によって大被害《ひがい》が起こったことについても、同じような原因が指摘《してき》されています。『ニューヨーク・タイムズ』は二〇一一年四月の記事で、日本は一つの国として、石碑《せきひ》や記録の形で残されている先人たちの多くの警告を無視してきたと報じています。そういう警告のひとつが「津波石《つなみいし》」と呼ばれるものです。そこには、「ここから下に家を建てるな」などとはっきり刻まれていたのです。記事はこう述べています——

こういう「津波石《つなみいし》」は日本の沿岸部に何百もあり、中には六世紀以上前のものもある。それらは、この地震国《じしんこく》をしばしば襲《おそ》った恐《おそ》ろしい津波被害《ひがい》の無言の証人として今も立っている。だが、学者たちによれば、現代日本は、こうした古い警告を忘れ、また無視してきたので、今回の津波の襲来《しゅうらい》で再び苦い経験を味わうことになった。

(『ニューヨーク・タイムズ』二〇一一年四月二十一日、拙訳《せつやく》)

とはいえ、地震の被害を免《まぬが》れた集落もいくつかありました。そのひとつは、わずか十一軒《けん》の人家しかない岩手県の姉吉《あねよし》地区で、ここはあの地震と津波の破壊《はかい》の中でも先人の警告に忠実に従ったおかげで、津波が届かない位置に残っていて無事でした。津波は石碑《せきひ》のちょうど一〇〇メートル下で止まり、同地区はその石碑より高い位置にありました。しかし、新聞記事はこう語っています。「多くの場合、第二次大戦後の経済発展で沿岸部の街が拡大していくにつれて、津波石《つなみいし》やその他の警告は無視されるようになった。いったん高台に避難《ひなん》した村落でさえ、結局、漁船や漁網《ぎょもう》の近くへと再び移動していったのである」。

私はここで、日本人が集団として、社会として、自然が示す危険信号を無視するなど、自然をばかにしてきた例を二つ紹介《しょうかい》しました。なぜそうなってしまったのでしょう？　その理由は「経済発展」であると言われます。戦後日本は、原子炉《ろ》冷却《れいきゃく》のための電源がすべて失われることなどあり得ないという想定のもとに、原発を五十四基も建設してきました。このように想定することで、電力業界は原発の建設費と維持費《いじひ》を最小限に抑《おさ》え、電気代を比較《ひかく》的安く抑えることができたのです。また、今回の津波被害《ひがい》について言えば、私たちは社会として、経済的利益を求めるあまり、「自然の力を敬え」という歴史と先人の警告を無視してきたのです。

原子力の利用をやめよう

私の批判は、自国の同胞《どうほう》に対して厳しすぎるでしょうか？　私は日本人だけを批判するつもりはありません。そうではなく、このように考え、行動するのはよくないという悪い例――つまり〝反面教師〟として、日本のことを取り上げているつもりです。将来のエネルギー利用のあり方について、その決定に関わる世界の大勢の指導者や専門家たちは、今後の日本のエネルギー政策の行方に注目していることでしょう。私は、これからの人間社会は原子力エネルギーの利用を減らしていき、可及《かきゅう》的速やかにその利用を完全にやめるべきだと強く思います。なぜなら、原子力エネルギーは、人と自然との本質的な一体性と対極の関係にあるからです。原子力エネルギーは、人を含《ふく》むあらゆる生物の生存に危険な高濃度《のうど》の放射性物質を、分厚い金属容器に密閉し、その周りをコンクリートの壁《かべ》で覆《おお》い、そのうえ高熱で爆発《ばくはつ》しないように常時水で冷やし続けるという、きわめて〝不自然〟

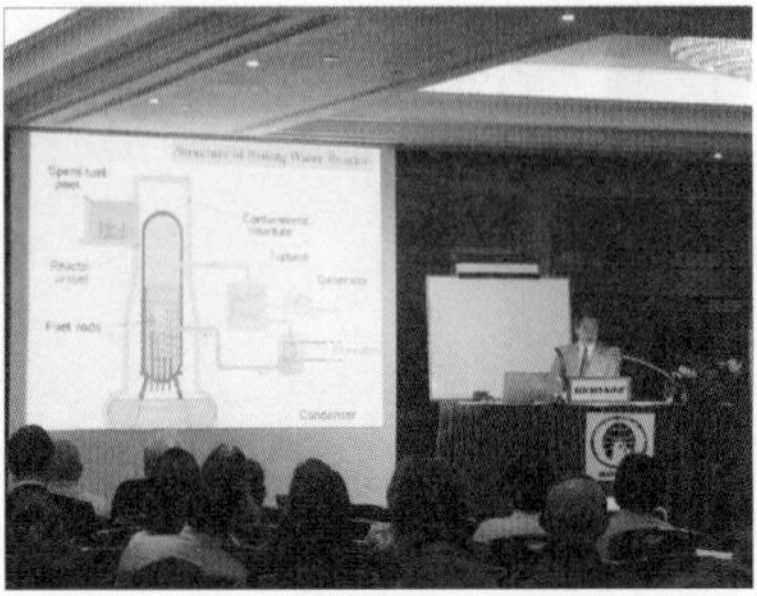

ロンドンの一般《いっぱん》講演会で原子力の
利用中止を訴《うった》える筆者

な形で利用されています。これは自然がもつ「生命を守り育てる」という本来の機能を、自然自身から奪《うば》うようなやり方です。またその結果、放射性廃棄《はいき》物が生産されますが、私たちはこれを生物にとって無害化する手段をもっていません。〝一見〟無害なものにする唯一《ゆいいつ》の方法は、地中深く埋《う》めることです。そうしながら私たちは、未来世代の人たちが何とかそれを無害化して生き延びてくれるだろうと、無責任にも祈《いの》るだけなのです。

ここで私が申し上げたいのは、個人より広い「社会」のレベルにおいても、環《かん》境《きょう》は私たちの心を反映しているということです。大地震《じしん》や原発事故は、神の日本への呪《のろ》いでもなく、自然破壊《はかい》によって神の創造物を傷つけている産業に対する神の呪《のろ》いでもありません。そうではなく、私たち人間の側が、社会として、自分たちの望むようにエネルギーや資源をたやすく豊富に与《あた》えてくれない自然を呪ったのです。私たちは、「経済発展」の名のもとに、自然破壊《はかい》や自然からの搾取《さくしゅ》を称賛《しょうさん》してきました。自然に対する思いやりは、貧しい人たちへの思いやりと同様、「自由貿易」の名のもとに妨害《ぼうがい》されてきました。「強いほどいい」という考えが広く社会全体の心に浸透《しんとう》してしまったため、私たちの環境《かんきょう》には、その態度が「核《かく》兵器」や「原子力エネルギー」の形で反映しているのです。それらは力ばかりが強大ですが、地球の生物とはまったく相容れないものです。それらは、人間と自然との不調和の産物です。だから、私たちはこの状態を正し、神の創られた世界の実相を現さねばなりません。

〈注〉
出典は、谷口雅宣著『次世代への決断』二二四～二三一頁から。

人はなぜ生きる

谷口純子

二〇一一年三月十一日に東日本に発生した巨大地震《きょだいじしん》では、多くの人が亡くなり、けが人も多数出た。家を流された人や家族を失った人、家はあるが損傷《そんしょう》が激しく、あるいは危険な場所にあるため住むことができない人もいる。さらには、今回の地震と津波《つなみ》による原子力発電所の事故で、避難《ひなん》を余儀《よぎ》なくされた人も数多い。

世界の先進国として、豊かで安全だった私たちの暮らしは、一瞬《いっしゅん》にして思いもかけない混乱と悲惨《ひさん》な状況《じょうきょう》に陥《おちい》った。ほんの一瞬前まで、元気に楽しく話していた相手が、突然《とつぜん》目の前で帰らぬ人となった経験をした人も多いだろう。私たちの生きる現実の世界は、常に移り変わり、常住のものは何もないということは、頭ではある程度分かっている。けれども実感として、同じ会社や学校へ行き、昨日と同じスーパーやデパートで買い物をする――そういう「日常」は、その言葉が示す通り、常に変わらない日々《ひび》であるかのように思える。私たちが、短い時間の枠《わく》で物事を考えるからである。が、今回のように、目の前でその日常が大きく破られると、この世の儚《はかな》さを改めて感じずにはいられなかった。そして、「人はなぜ生きるのか」という基本的な問いが、頭をもたげてくる。

今回の震災《しんさい》では一万六千人近くの人が亡くなったが、そういう人たちは、どこに行ってしまったのか。どんな思いでいるのだろうか。永遠に消えて無くなってしまったのか。

震災のちょうど一週間前に、私の義理の弟が五十を少し越《こ》えた若さで亡くなった。末期の癌《がん》が見つかり、それでもわずかな希望を見出し、治療《ちりょう》を始めたばかりだった。発見から一カ月に満たない出来事で、家族も周りの者もあまりにもあっけない別れに呆然《ぼうぜん》とした。

弟は決して悲観的なことは言わず、不安で一杯《いっぱい》の家族に「大丈夫《だいじょうぶ》、大丈夫」と言い、献身《けんしん》的な家族の看護に感謝の気持ちを現していたそうだ。突然《とつぜん》夫や父を亡くした妹や二人の子供たちは、寂《さび》しく、空《むな》しく、切ない気持ちを胸に、それでも生きていかなくてはならない。肉親を亡くした寂しさは、すぐには消えることはない。長い時間をかけて積み重ねてきたものは、それが「なくなった」と認めることは容易でない。だから、私たち周りの者が心の支えになり続けることにより、時間が妹たちの心の重荷を和らげてくれることを願っている。

「どうしてあなたは行ってしまったの?」

「私を置いて、なぜ先に行くの?」

――こんな思いは、多くの死の場面で、人の心に起こることである。それが不《ふ》慮《りょ》の死である場合、残された者は「もっとこの世でしたかったことがあるのに、さぞ無念だろう」と、亡くなった人の心に身を寄せて考える。それは、人間の自然な気持ちである。今回の震災《しんさい》で肉親や親しい人を亡くした大勢の人々《ひとびと》も、きっと同じように思ったことだろう。

生長の家では、人の命は永遠だと教えている。他の多くの宗教も、生命の永生《えいせい》を説いている。だから、たとえ肉体が死んだとしても、人間の本質は肉体ではなく、それを動かす生命である。肉体は、この地球という天体で生きるための〝宇宙服〟のようなものだから、この世の使命が終わればそれを脱《ぬ》ぎ捨てて、新たな次の境涯《きょうがい》へと移行する、と教えている。そして、死はどんな形であろうとも——突然《とつぜん》の事故死のように不条理《ふじょうり》であっても、その人にとっては寿命《じゅみょう》である。残されたものは、悲しく恋《こい》しく、切なくても、その思いを感謝の心に変えていくことが必要だと、教えている。亡くなった肉親や親しい人との間には、楽しい思い出や、お世話になったことなど色々《いろいろ》あるだろう。その思いを胸いっぱいにして、「ありがとうございました」と繰《く》り返し心の中で言い続ける。たとえ良い思い出ばかりでなく、恨《うら》みや憎《にく》しみ、怒《いか》りの気持ちが混じっていても、そんな思いは捨てて、ただ「ありがとう」と感謝の念だけを満たすように努めるのである。そうすると、悲しみや寂《さび》しさの思いはいつの間にか薄《うす》まり、亡くなった人がそばにいて、いつも見守り、支えてくれているという確信に変わっていく。さらに、「どうか次の境涯《きょうがい》で、素晴らしい魂《たましい》の進化を遂《と》げてください」と、亡くなった人を祝福、讃嘆《さんたん》するのがいい。このような気持ちになることで、未来がどんなに厳しく感じられても、それに立ち向かう勇気も湧《わ》いてくる。感謝の気持ちは、このように人生を幸せにする力があるのである。

このような生き方が、人生の光明面を見る「日時計主義」である。人生には思わぬ事件や事故、想定外の出来事が起こることを、私たちはこの震災《しんさい》でありありと実感した。多くの人は、この悲惨《ひさん》さ、悲劇、苦しみ、絶望のどこに〝光〟を見出せばよいのか当惑《とうわく》するかもしれない。しかし、この一見〝暗黒〟の中にさえ、人々《ひとびと》の助け合う姿、与《あた》え合う喜び、善意の寄付、ボランティアの熱意などが、忽《こつ》然《ぜん》として現れてきた。その量は、震災《しんさい》以前の何倍とも、何十倍とも言えるだろう。これらは、人間が本来もっている〝光〟である。それが、大きな困難に直面して表面に現れてきたのである。

人生の目的は、本来ここにある。人間は素晴らしいものだと知り、自らそれを表現することである。

私たちは今回の震災で、何事も起こらない当たり前の日常がどんなに素晴らしく、ありがたいものであるかを、理屈抜《りくつぬ》きで知ることができた。また、家族が自分のそばで、あるいは遠くにいても、生きていてくれることがどんなに心強く、喜びであるかにも、改めて気がついた。何事もない日々《ひび》の暮らしの中で、それらに気がつけば、毎日を幸福で過ごせる。が、なかなかそれができない。

家があり、家族がいて、食事がいただけること。自由に動かせる体があり、仕事があり、勉強ができること。友達や周りの多くの人に支えられて生きていること。

電気、水道、ガスが使えること。そういうありがたさは、数え上げたらきりがない。それらは、決して高価でなく、ブランド品でもない。どこにでも転がっている〝当たり前〟が、本当は最高に素晴らしいものなのだ。そのことを、改めて噛《か》みしめたいと思う。

ところで、この春大学を卒業し銀行への就職も決まっていた私の甥《おい》は、自分の父の死をきっかけに、父が営んでいた布団《ふとん》店を継《つ》ぐことを決意した。そして今は、家族三人が力を合わせて前に向かっている。

〈注〉
出典は、谷口純子著『この星で生きる』二四～三一頁から。

生活の芯《しん》

谷口純子

日々《ひび》の生活で私が心して大切にしていることには、二つの面がある。一つは自分の心の問題だ。心に憂《うれ》いなく明るく保つことを第一にしている。

そのため朝起きたらまず、今日も良い一日が始まることに感謝する。「それって、無理があるんじゃない」と思う人がいるだろうが、まずは良い日と自分で決めてしまうのだ。ふつうに考えて悪いと思う事、例えば楽しみにしていた外出の予定が荒天《こうてん》で断念せざるを得ない場合、それでも良い日と言えるのかと疑問が起こるかもしれない。外出はできなくなったが、その代わり、時間ができたらやりたいと思っていた部屋の片づけや物の整理ができるかもしれない。自分が予定していたことに、どうしてもこれでなければならないと執着《しゅうちゃく》していると、良い日と悪い日に分かれてしまい、いつも良い日というわけにはいかなくなってしまう。

柔軟《じゅうなん》な気持ちで物事を受け止め、こだわりを捨てると、多様な選択肢《せんたくし》が目の前に現れ、毎日が良い日になる。これは言うはたやすいが、実際に実行するとなるとそれほど簡単ではない。人は誰《だれ》でも自分の基準やこだわりがあって、それらに反するものは受け入れがたく、そこから「悪《あく》」という判断が出てくるのだ。

さらに、人の悪い面を見ずに、良い面を見ることである。このことは、一日を良い日と決めることと根本は同じだ。人のことを悪く言ったり、思ったりして傷つくのは誰かと言えば、その行為《こうい》を行った本人の心なのである。

人間には良い人と悪い人があり、重大犯罪を犯したような人は悪人だとの見方が一般《いっぱん》的だ。けれどもどんな極悪人と見える人にも、神性、仏性《ぶっしょう》が宿っているというのが、多くの宗教の教えにある。悪を犯した人は、自分は悪いことをしたという自覚があるから、逮捕《たいほ》されたときなど自分の顔を深い帽子《ぼうし》や布などで覆《おお》い、隠《かく》すようにする。それは人に顔を見られたくない、社会に顔を向けられないと思うからだろう。そんな行為《こうい》は何処《どこ》から出てくるのかと考えると、人間の本質に善があるからだとわかる。「そんなものはない」と否定しても、人間の奥底《おくそこ》の心、本質に宿る神の子としての善性は、実在するのである。

生長の家では、人間はその本質に神の善が宿っており、無限の可能性を持つ素晴らしい存在だとみる。また人生は神の善を表現するための舞台《ぶたい》のようなものだと教えるのだ。

人間が悪いもので、この世界は混沌《こんとん》とした無秩序《ちつじょ》の世界であるとの見方をしていれば、物事の本質に善を見ることができないから、明るい心を持つことは難しくなるだろう。私たちの人生を決めるものは、その人がどのような思想を持っているかが、大変重要なのである。

毎日を良い日と決め、人の本質にある善を認める生き方は、私にとって一種のレッスンであり、そう簡単ではない。けれども続けることにより、最近では、思いがけない変化にも少しは対応できるようになってきて、それはレッスンの成果ではないかと思っている。

大切にしていることの二つ目は、何を食べるかということだ。自分の健康によく、人や社会から奪《うば》わないものを念頭に置いて食品を選び、調理している。何か堅苦《かたくる》しく聞こえるかもしれないが、要するに無農薬有機栽培《さいばい》の野菜や食品の購入《こうにゅう》、地産地消、旬産旬消《しゅんさんしゅんしょう》、肉食を控《ひか》えるということだ。

農薬や化学肥料、食品添加《てんか》物などは、現在大量に使われており、それが人体や環境《かんきょう》に及《およ》ぼす悪い影響《えいきょう》は、様々《さまざま》な所で指摘《してき》されている。けれども、それらを避《さ》けようとすれば、コストがかかるし、実際に目に見えて被害《ひがい》が感じられることは少ないので、重大な問題だと考えていない人も多い。経済的に負担がかかるから、安全な食品を選びたいと思っても難しいという人もいるかもしれない。そのような場合には、基本的な食品や調味料だけでも安全なものを選ぶというところから始められる。

肉食は地球温暖化と世界の飢餓《きが》の問題と、切っても切れない大きな関係にある。一部の例外を除いて牛や豚《ぶた》、鶏《にわとり》などは狭《せま》い場所で工業製品のように育てられ、病気の感染を防ぐため抗生《こうせい》物質などの薬品が投与《とうよ》されている。屠殺《とさつ》の現場は厳重に管理され、一般《いっぱん》の人の目には触《ふ》れない場所にある。もしそのような現場を多くの人が見れば、あまりにも残酷《ざんこく》で、問題が起こるからだろう。かつて人々《ひとびと》は動物を屠《ほふ》るときには、いのちをいただくという謙虚《けんきょ》な気持ちで一物も無駄《むだ》にせず、丸ごといただいたということだ。動物の肉が貴重品だったこともある。けれども現代は、そのような意識や状況《じょうきょう》になく、心の痛みが感じられないように、残酷な部分は隠《かく》されているのだ。また動物に穀物飼料を与《あた》えて、短期間での肥育が行われているので、人間の食糧《しょくりょう》と競合し、飢餓の問題と大きく関わっている。肉食をすることは、間接的に飢餓《きが》に苦しむ人の食糧《しょくりょう》を奪《うば》っていることになるのだ。

食肉の長距離《きょり》輸送、放牧地のための森林伐採《ばっさい》、二酸化炭素の数十倍の温室効果がある、動物から排泄《はいせつ》されるメタンガスなど、これらは地球温暖化の大きな要因になっている。

私が住んでいるのは山梨県の八ヶ岳南麓《やつがたけなんろく》で、冬の寒さが厳しい。そのような所で地元の旬《しゅん》の食材で料理をするのは難しいと思われるかもしれない。だが、冬には、大根、人参《にんじん》、白菜、青菜、かぶ類、ネギなどは地元の有機野菜が手に入る。他に保存の利くイモ類や玉ねぎ、かぼちゃ、近県のゴボウやレンコンなどで、変化に富んだ豊かな食卓《しょくたく》を整えることができる。キュウリ、ナス、トマト、ピーマン、レタスなどの夏野菜は、冬の我が家の食卓には上《のぼ》らない。

自分の心を大切にすることと、自分だけでなく人や環境《かんきょう》に害を与《あた》えない食生活をすることは、自分にとって良いだけでなく、自分を取り巻く環境にも良い効果を及《およ》ぼすのである。自分だけに良いことなどこの世界にはなく、本当に自分自身に良いことは、他《た》の人にも環境《かんきょう》にも良いことなのである。私たちはバラバラの個人ではなく、お互《たが》いに皆繋《みなつな》がっている、親《ちか》しい存在である。そのような意味で、私は自分の生活の芯《しん》を大事にして、日々《ひび》を過ごしているのだ。

〈注〉

出典は、谷口純子著『46億年のいのち』二一一〜二一六頁から。

太陽を仰《あお》ぐ

谷口純子

デパートの家庭用品売り場でのことである。

カウンターで支払《しはら》い処理を待っていた私の隣《となり》には、私より少し若い女性がいた。店員が彼女《かのじょ》の買い物の包装を終えて、「手提《てさ》げ袋《ぶくろ》はお使いになりますか?」と訊《き》いていた。レシートが出るのをぼんやりと待っていた私は、その女性の「もちろん」という言葉を聞いて驚《おどろ》いた。その言葉には「当たり前のことをどうして訊くの?」という意外さが露《あら》わになっていた。一方の私は、買ったものが袋に入れられる前に、「そのままでいいです。袋はいりません」と言って、ハンドバッグからマイバッグを出した。

東京・渋谷《しぶや》のデパートでは、ほとんどの買い物客が、紙袋《かみぶくろ》をふんだんにもらうのだった。これらの紙袋《かみぶくろ》は、家庭で使われるのはごく一部で、多くが家のどこかにしまわれ、しだいに数が増え、やがてゴミとして捨てられるのだろう。紙袋一枚といえども、元々《もともと》は木だから森林破壊《はかい》の原因になる。けれども、そんなことを深刻に考えない人が多いのかもしれない。

スーパーなどでは、レジ袋が有料になり、袋持参で買い物に行く人が増えているそうだ。それに比べるとデパートは、不況《ふきょう》で売り上げが落ちているのはスーパーと同じでも、立派な包装をしたり、紙袋に入れることで差別化を図ろうとしているのかもしれない。

買い物客へのサービスとして、商品を何でも紙袋やポリ袋に入れて渡《わた》す習慣は、そんなに古いものではない。私が子供の頃《ころ》、母は魚屋さんや八百屋さんに行くのに、必ず買い物かごを提《さ》げていた。お豆腐《とうふ》を買うときにもボールや鍋《なべ》を持参した。また野菜などは新聞紙に包んだり、新聞紙で作った袋に入れてもらったものだ。

昔から日本は、狭《せま》い国土の中に多くの人が住み、天然資源にそれほど恵《めぐ》まれた国でもなかった。だから人々《ひとびと》は勤勉で、物を大切にし、できるだけ循環《じゅんかん》させて暮らしてきた。そのような生活が急激に変わるのは、戦後の高度経済成長期を経てである。日本に限らず先進諸国は、戦後大なり小なり豊かにものを使う生活をしてきたのである。

特に、外食産業が発達し、使い捨て容器やナフキン類を多用するファーストフードが普及《ふきゅう》したことで、資源を浪費《ろうひ》する生活が当たり前になった。「使い捨て」といえば割箸《わりばし》があるが、昔は、これを使うのはやや高級な食堂で、大衆的な食堂では、洗って使える箸を使っていたようだ。またそのころの日本は林業が盛んで、間伐《かんばつ》材や竹などで割箸が作られていたから、環境破壊《かんきょうはかい》につながることはなかった。間伐は、森を育てることだからである。

ところが日本の林業が衰退《すいたい》し、山や森は手入れする人もなく放置され、荒《あ》れ放題になった。それと並行するように、ほとんどのレストランや食堂で割箸《わりばし》が使われるようになったのである。その割箸の多くは、海外の森林を破壊《はかい》して作られてきた。

このことを問題視するようになった人々《ひとびと》から、「マイ箸《はし》を持とう」という動きが出てきた。またレストランでも最近は、割箸ではなく、洗って使える竹箸《たけばし》や塗箸《ぬりばし》を使うところも少しずつ増えている。

物質的に〝豊かな生活〟をすることが進歩であり、地球の資源に限りはない――これが幻想《げんそう》であることに、私たちはようやく気付いてきた。〝豊かな生活〟の問題点は、「資源がなくなる」ことだけでなく、「地球温暖化の進行」もある。人によっては、二酸化炭素を排出《はいしゅつ》しないクリーン・エネルギーの開発が進めば、現在の水準の生活を維持《いじ》できると考える向きもある。しかし、それでは足りない。

先進国に住む私たちの「現在の生活」に問題があるのである。

私たちの多くは、欲しいと思うものは大抵《たいてい》手に入る生活をしている。もちろん、それにはお金が必要であるが、食料などの基本的なものは、贅沢《ぜいたく》をいわなければ、ほとんどの人が、ある程度の自分の欲求を満たすことができる恵《めぐ》まれた環境《かんきょう》にいる。実際、肉や魚、野菜、パンやお菓子《かし》などの食料品は、目の前に豊富に並んでいるのが日常の風景である。食料品に限らず、衣類や日用品、家電製品、自動車、はたまた住宅にいたるまで、すぐに買えるかどうかは別として、豊かに目の前に差し出されている。ものが豊富にあるのが当たり前で、その恩恵《おんけい》に感謝する気持ちが薄《うす》れている。

今の豊かさが、人間の発達させた科学技術のおかげだと考えると、自然の恩恵に想いが至らない。しかし、科学技術は、人間が使う〝道具〟ではあっても、豊かさの原因ではない。豊かさの源泉は、自然の大いなる恵《めぐ》みであり、私たちは自然のおかげで本当は「生かされている」のである。例えば、太陽の光、熱、雨、風などは、私たちの生活に欠かせない。太陽の光や熱がなければ植物は育たず、人間はすぐに飢《う》えてしまう。けれども、どれだけの現代人が、太陽に向かって感謝の思いを表現しているだろうか。

「そんなことをしたのは、古代人だ」と言って笑うかもしれないが、私は恩恵《おんけい》を受けながら「当たり前だ」と思う心が問題だと思う。この感謝を忘れた傲慢《ごうまん》さが、現代の地球温暖化の根っこにはある。私たちを取り巻く環境《かんきょう》は、人間の心と密接な関係にあることを知る必要がある。人間の心が環境に反映するのである。

このことを知ってから、私は自分の生活を省みるようになった。だから何かを買おうと思うとき、欲しいと思うとき、本当に必要か、買ってムダにならないかを、ちょっと立ち止まって考えるようにしている。そして普段《ふだん》から、人間はそのままで大自然の恩恵に充分《じゅうぶん》浴していることを想い、感謝する生活を心がけている。

豊かにものがあることが人間の幸せではなく、豊かさを見出せる心が、幸せな人生を作るのである。そして、結局その心が温暖化を防ぎ、大勢のいのちを守ることになる。

現代の若者は、幼い時から環境《かんきょう》問題について学んできた。その知識を知識だけにとどめず、生活での実践《じっせん》を通して自然界を大切にし、本当の意味で〝豊かな人間社会〟の構築を目指してほしいと思う。

〈注〉

出典は、谷口純子著『この星で生きる』一五〇〜一五七頁から。

地球を救う買い物

谷口純子

「買い物は、世界を救う。」というカード会社のキャッチコピーがあったが、私は違《ちが》う意味で「買い物は、世界を救う」と思っている。

カード会社の「買い物が地球を救う。」というのは、人々《ひとびと》が消費をすることで、経済が活性化し、雇用《こよう》が増え、収入が上がり、豊かな生活が実現するというほどの意味だと考えられる。だから、どんどん買い物をすることを奨励《しょうれい》している。かつてはこの考え方の下《もと》、先進諸国においては経済発展が実現し、人々の生活は豊かになった。けれどもその裏側では、発展途上《とじょう》国の人々の生活が犠牲《ぎせい》になり、格差が生まれ、地球の環境《かんきょう》は破壊《はかい》された。当時の考え方では、地球の資源は無限にあり、人類が物質的豊かさを追求するためにそれらを使い続けることに、何の疑問も持たなかった。人間が求める物質的な豊かさや生活の向上には限りがなく、何処《どこ》までも追求することが、人類の進歩であり、当然の権利であると信じていた。現在の世界の状況《じょうきょう》とは、随分隔《ずいぶんへだ》たった認識だったと思う。

今の地球は、人々《ひとびと》が多く消費し、エネルギーを沢山《たくさん》使ったことにより、大気中の二酸化炭素の濃度《のうど》が増え、温暖化している。その結果、地球生態系は傷つき、絶滅《ぜつめつ》した種の数は数えきれないほどである。また温暖化は気候変動を引き起こし、世界各地で人々の生活に多大な影響《えいきょう》を及《およ》ぼしている。

人類が今まで通りの生活をしていたら、あと数十年で地球環境《かんきょう》の変化は後戻《あともど》りできない危機的な状況になると、多くの科学者は指摘《してき》している。今の世界では、いかに適正な消費をし、二酸化炭素の排出《はいしゅつ》を抑制《よくせい》するかが、喫緊《きっきん》の課題なのである。

地球に住む人間の数は、この百年くらいで人口爆発《ばくはつ》と言われるほど増えている。一九〇〇年には一六億人だった人口が、一九五〇年には二五億人、二〇〇〇年には六〇億人、そして二〇一七年は七四億人と、百年少しで五倍近くに増えている。これだけ多くの人が、際限《さいげん》のない物質的向上を目指す生き方を求めると、地球の許容範囲《はんい》を超《こ》えてしまう。二十世紀は科学技術が目覚ましい進歩を遂《と》げ、技術の力で人間に不可能はないという錯覚《さっかく》に陥《おちい》るほどであったが、自然の力に対して人間は無力である。

二〇一一年の東日本大震災《しんさい》で、東北の海岸に押《お》し寄せた大津波《おおつなみ》に対して、人は為《な》すすべがなかった。過去に何度も大津波が押し寄せたこの地方には、先人が後世《こうせい》のために「ここまで津波が押し寄せた」という印として建てた津波石《つなみいし》の石碑《せきひ》が各所にあった。その石碑より高い場所を生活圏《けん》にするようにとの警告である。けれども多くの人は、現代の技術力や情報を信頼《しんらい》し、石碑のサインに従わなかったのだ。目の前に惨事《さんじ》を見せつけられないと、中々《なかなか》行動に移れないのが人間である。

地球温暖化が進むなかで、災害に遭遇《そうぐう》した人以外は、当り前の何事もない日常が目の前に展開している。そのため、異常気象の頻発《ひんぱつ》や、資源の奪《うば》い合いによる紛争《ふんそう》などが予測されていても、差し迫《せま》った危機感はなく、多くの人がいまだに経済発展が人間の幸福につながると思っている。

二〇一六年に熊本で地震《じしん》が起こったが、地震の体験を記《しる》した生長の家熊本県教化部発行の『熊本地震体験集』を送っていただいた。それを読むと、多くの人が「当たり前の日常の有り難さ」と「自然の恩恵《おんけい》、人のつながりの尊さ」を実感されていた。人間は地球の生態系の一員で、生態系が損傷《そんしょう》されれば、人間にとって生きにくい所となる。そのことを知れば、生態系を健全に保つことが、人間の生存を確保し、幸福につながるということがわかる。生態系を健全に保つには、これ以上二酸化炭素を排出《はいしゅつ》してはいけないのだ。

そのためにも、私たちの日々《ひび》の活動基準をどこに置くかが大切になる。地球生態系の危機の原因が、化石燃料を主とするエネルギーの使い過ぎによる二酸化炭素の濃度《のうど》の上昇《じょうしょう》だから、可能な限り自然エネルギーを使い、電気、ガス、水道などの節約に心を配ることが求められる。さらに私たちは、毎日食事をするために買い物をしたり、外食をする。その時どんなものを食材として買うか、何を注文するかで、二酸化炭素の排出《はいしゅつ》量が違《ちが》ってくるのだ。

低炭素の食材とは、いうまでもなく、地産地消、旬産旬消《しゅんさんしゅんしょう》である。国際化が進み、日本は世界各地から沢山《たくさん》の食品を輸入している。例えば同じ和食の献立《こんだて》でも、地元の食材だけを使って作ったものと、地元以外の国内や海外の食材を使ったものでは、二酸化炭素の排出量が地元だけのものに比べ、四十三倍になったという調査がある。この場合、地元以外の国産や海外産の食品を使う基準は、その地域の市場《しじょう》で、最も入荷の多かったものを選んだということだ。例えば食材に人参《にんじん》を使う場合、国産のものもあるが、中国産が入荷量で一番多かった場合、中国産を求めたということである。

この調査で、値段のことは表示されていなかったが、その時一番入荷量が多いということは、安く出回っているということだろう。遠くから運ばれてきたものが、地元のものより安いというのは、地球生態系への影響《えいきょう》をコストに入れれば、本来有りえないことだ。目の前の安いものを買うか、将来のことを考え、少し出費が増えたとしても、地元の食材を買うかである。答えは明らかで、今出費が少し増えたとしても、二酸化炭素の排出抑制《はいしゅつよくせい》ができたら、長い目で見たら安かったといえるのだ。

出来る限り、二酸化炭素の排出を軽減しようという基準で生活をし、買い物をすることが、地球の生態系を守り、未来の人類の命を救うことになる。

〈注〉

出典は、谷口純子著『46億年のいのち』三九～四五頁から。

第二章

祭式・儀礼の方法（日本での場合）

〝造化《ぞうか》の三神《さんしん》〟の祭祀《さいし》について

二〇一四年（平成26）、生長の家総本山の龍宮住吉本宮《りゅうぐうすみよしほんぐう》に、「住吉大神《すみよしおおかみ》」に加えて、天之御中主大神《あめのみなかぬしのおおかみ》、高御産巣日神《たかみむすびのかみ》、神産巣日神《かみむすびのかみ》が勧請《かんじょう》され、それ以降、祭祀が行われています。その目的は、〝環境《かんきょう》・資源・平和〟の問題をきっかけにして分裂《ぶんれつ》や対立に向かいがちな世界の動きを憂《うれ》い、私たちの唯一《ゆいいつ》絶対神への信仰《しんこう》を更《あら》めて深め、宗教や民族や国の違《ちが》いを超《こ》えた宇宙《うちゅう》本源の神を明確に意識すると共に、自然界の〝ムスビの働き〟に注目して、愛と寛容《かんよう》と相互《そうご》協力による平和と豊かさを地上にも来す運動の原動力とすることにあります。これは、生長の家が立教当初から目指してきた、「信仰による世界平和」の実現を祭祀の中で明確化するものです。

〝造化《ぞうか》の三神《さんしん》〟とは？

「天之御中主大神《あめのみなかぬしのおおかみ》」「高御産巣日神《たかみむすびのかみ》」「神産巣日神《かみむすびのかみ》」の三柱の神は、『古事記』の神話の中で、天地開闢《かいびゃく》のときに万物生成化育の根源となった神で、〝造化の三神〟とも呼ばれます。これらの三神は、名前は〝日本的〟に感じられても、宇宙普遍《うちゅうふへん》の原理を日本的に表現したものです。

「天之御中主大神」は〝宇宙の本源神〟であり〝唯一《ゆいいつ》絶対の神〟のことです。キリスト教、仏教、イスラームなど、正しい信仰《しんこう》を伝える世界の宗教は、この〝宇宙の本源神〟が世界各地の多様な文化や伝統の中に生きる人々《ひとびと》を救済するために、それぞれの文化や伝統、時代の要請《ようせい》に応じて顕《あらわ》れたものです。

「高御産巣日神」「神産巣日神」は、神の固有名詞ではなく、唯一絶対神の御徳《おんとく》の一つである陰《いん》と陽《よう》の〝ムスビの働き〟を神名によって表現したものです。ムスビとは、本来一つのものが陰と陽の二つの働きに分かれ、それらが再び結ばれることで「新価値」を生み出す働きのことです。

〝ムスビの働き〟は自然界のいたるところに

高御産巣日《たかみむすび》、神産巣日《かみむすび》の二神は、私たちから離《はな》れた遠い存在ではありません。たとえば私たちが性を異《こと》にして生まれ、子供を産み育て、周りの人や自然と交わり、働き、学び、生活することも、〝ムスビの働き〟の一つです。また、自然界では、植物に花が咲《さ》くと、蜜《みつ》を求めて蜂《はち》や蝶《ちょう》が訪れて受粉し、やがて結実した実は、他の虫や鳥や獣《けもの》たちの栄養源となって子孫を殖《ふ》やす助けになるなど、一見〝異質〟と見える多種の生物が、相互《そうご》に与《あた》え合いながら繁栄《はんえい》しています。これも〝ムスビの働き〟です。このような与え合い、生かし合う関係は、人々《ひとびと》の生活の中に、そして自然界のいたるところに満ちています。そして、この〝ムスビの働き〟を通して、地上に無限の「新価値」が生み出されているのです。

なぜ〝造化《ぞうか》の三神《さんしん》〟を祭祀《さいし》するか

ところがその一方、今日の世界では、「地球温暖化」による気候変動が原因となって、世界各地で熱波、干ばつ、台風の凶暴《きょうぼう》化、水害などが起こり、深刻な自然災害も増えています。気候が乱れれば不作や不漁も増える中、宗教や民族が対立して、希少資源や土地をめぐって新たな紛争《ふんそう》や難民問題が生じています。これらの背後には、物質的豊かさを求めて自然界から奪《うば》い続けてきた、人類の迷いがあります。その迷いの一つには、人間が宗教、人種、国籍《こくせき》、思想、文化などの表面的な違《ちが》いによって〝自〟と〝他〟とを分離《ぶんり》し、差別する考えがあります。〝ムスビの働き〟は、これらの迷いを去り、神（宗教）と人間、自然と人間、そして人間と人間とを分離・対立させる迷いを吹《ふ》き払《はら》い、多様性の中から新価値を創造し、相互《そうご》協力して喜びに満ちた世界を実現するために必須《ひっす》のものです。

私たちは、住吉大神《すみよしおおかみ》の宇宙浄化《うちゅうじょうか》の働きに加えて、高御産巣日神《たかみむすびのかみ》・神産巣日神《かみむすびのかみ》の〝ムスビ〟の力をいただきながら、さらに多くの人々《ひとびと》に〝唯一《ゆいいつ》絶対の神〟への信仰《しんこう》を伝え、自らも〝自然と共に伸《の》びる〟生き方を日常生活に実践《じっせん》して、世界の平和を実現していきましょう。

〝造化《ぞうか》の三神《さんしん》〟の祀《まつ》り方

生長の家総本山から信徒にお分けしている「天之御中主大神《あめのみなかぬしのおおかみ》」「高御産巣日神《たかみむすびのかみ》」「神産巣日神《かみむすびのかみ》」の三柱の神霊符《しんれいふ》（お札）は、同本山の神官が一枚一枚真心を込《こ》めて神名を墨書《ぼくしょ》しています。

各家庭で〝造化の三神〟をお祀りする場合は、できるだけ神霊符の神名が見えるように置きます。これにより、日々《ひび》の礼拝《らいはい》の際、唯一絶対神の生々化育《せいせいかいく》の御力《みちから》が霊妙《れいみょう》なムスビの働きとしてこの世界に現れていることをはっきりと意識することができます。そして、唯一絶対神のご加護《かご》が陰陽《いんよう》二神のお導きを通して感得され、信仰と生活の両面で調和が実現し、新価値が生まれ、地上に平和で豊かな世界が実現します。

神霊符《しんれいふ》の位置は、基本的には、「天之御中主大神《あめのみなかぬしのおおかみ》」を中央に、向かって右に「高《たか》御産巣日神《みむすびのかみ》」、左に「神産巣日神《かみむすびのかみ》」を配置します。お社《やしろ》に納める場合や、新たに神《かみ》棚《だな》を設けてお社を置く場合は、次の方法を参考にしてください。

こちらのQRコードから「神霊符の祀《まつ》り方」の動画がご覧いただけます。

神棚《かみだな》での祀《まつ》り方

1．お祀りする場所

家庭に神霊符《しんれいふ》を祀り、家族が日々《ひび》〝造化《ぞうか》の三神《さんしん》〟を礼拝《らいはい》することは、日常生活における大切な行事です。

一般《いっぱん》的に神棚は、清らかで明るく、静かで高いところに、南向き、あるいは東向きに設置するのがよいでしょう。これに加えて、〝造化の三神〟の祭祀《さいし》に当たっては、私たちがお札に書かれた神名を見ることに意味があります。これは、宇宙《うちゅう》の中心である「天之御中主大神《あめのみなかぬしのおおかみ》」をはっきり意識し、さらに「高御産巣日神《たかみむすびのかみ》」「神《かみ》産巣日神《むすびのかみ》」の両神のお名前をその左右に確認するということです。これで、陰陽《いんよう》のムスビの働きが宇宙の造化、私たちの生活の原動力であることが意識されます。

そこで、神霊符をお祀りする場所は、〝造化の三神〟を視覚的に確認でき、家族が毎日礼拝できる場所を選んでください。

なお、祭祀《さいし》の行事以外の時は、ホコリが入らないようにお社《やしろ》の扉《とびら》は閉めておきます。

2. 神棚《かみだな》の高さ

神棚は、神霊符《しんれいふ》の神名が一部でも見える高さに設置することをおすすめします。

また、神饌《しんせん》をお供えするためには、あまり高い位置は避《さ》けましょう。脚立《きゃたつ》に登ってお供えをすることになるので、危険をともなうだけでなく、お供えをすることがおっくうになりがちだからです。しかし、礼拝《らいはい》の時に目より下にならずに、お社に手を挙げて届くくらいの位置が理想的です。

和室には木製の釣《つ》り棚《だな》を作って、そこにお社《やしろ》を置くという形式が普通《ふつう》です。洋間や賃貸の部屋ではやたらと釘《くぎ》を打つのははばかられます。その場合は、タンスや飾《かざ》り棚《だな》、食器棚の上などに棚板《たないた》を置いたり、または白い布を敷《し》いて、その上にお社を置くのがよいでしょう。

三社造り

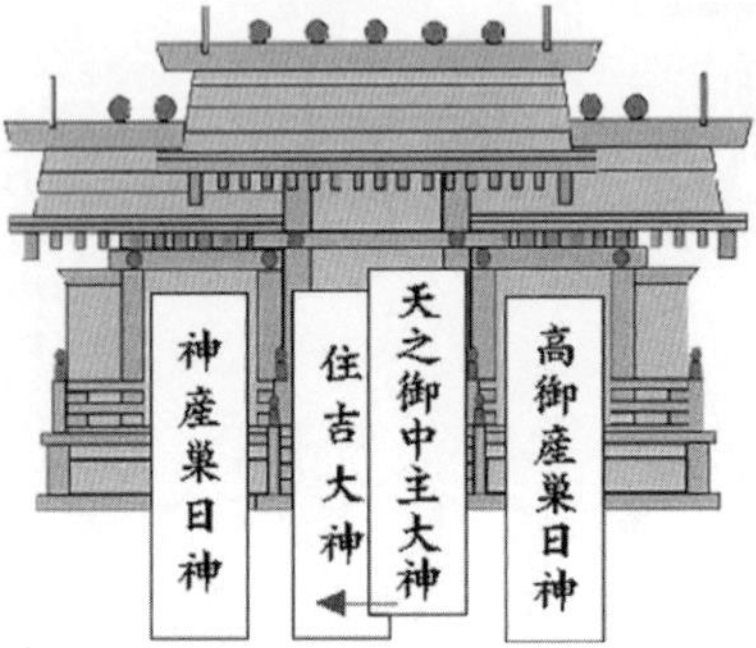

一社造り

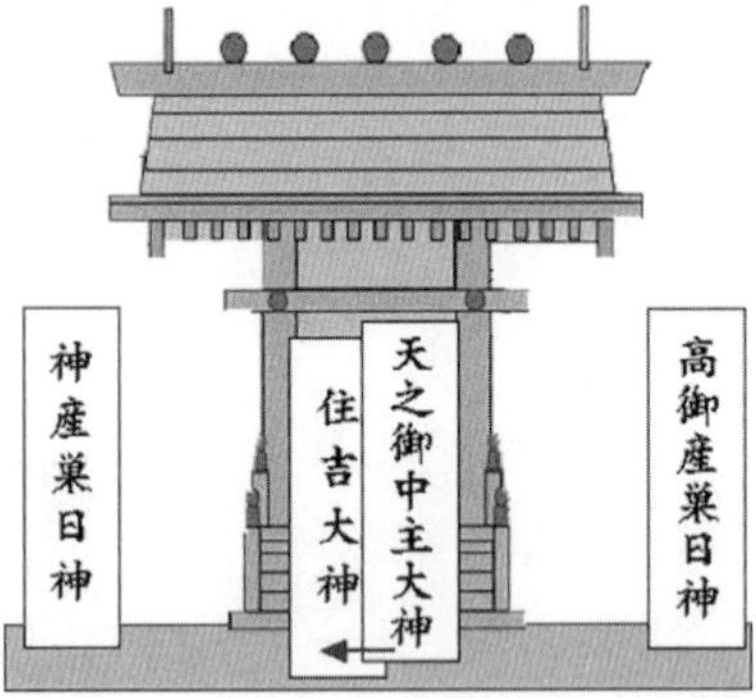

3．お札の納め方

三社造りの場合

中央のお社《やしろ》には、「天之御中主大神《あめのみなかぬしのおおかみ》」のお札を配置します。向かって右側の社殿《しゃでん》には「高御産巣日神《たかみむすびのかみ》」、左側の社殿には「神産巣日神《かみむすびのかみ》」のお札を納めます。祭祀《さいし》の際は、それぞれの社殿の扉《とびら》を開けて神々《かみがみ》の名が一部でも見えるようにします。すでに天照大御神《あまてらすおおみかみ》や住吉大神《すみよしおおかみ》のお札を納めている場合は、中央の社殿に、手前から天之御中主大神、天照大御神、住吉大神の札の順位で納めるとよいでしょう。氏《うじ》神《がみ》をお祀《まつ》りする場合は、左側の社殿に、手前から神産巣日神、氏神の順位で納めるとよいでしょう。

一社造りの場合

お社の中には、「天之御中主大神」のお札を納めます。「高御産巣日神」「神産巣

日神」の神霊符《しんれいふ》は神々《かみがみ》の霊妙《れいみょう》な〝ムスビの働き〟を日々《ひび》意識することが大切なので、目に見えるようにお社《やしろ》の左右に配置します。すでに天照大御神《あまてらすおおみかみ》や住吉大神《すみよしおおかみ》のお札をお祀《まつ》りしている場合は、神殿《しんでん》の中に、手前から天之御中主大神《あめのみなかぬしのおおかみ》、天照大御神、住吉大神の順位で納めるとよいでしょう。氏神《うじがみ》をお祀りする場合は、一番奥《おく》に納めるとよいでしょう。

お社の外、左右にお祀りする神霊符（「高御産巣日《たかみむすびの》神《かみ》」、「神産巣日神《かみむすびのかみ》」）は、「お札立て」を利用するなどして、向かって右に「高御産巣日神」、向かって左に「神産巣日神」のお札をお祀りします。

お社の扉《とびら》が閉じられているときは、外に祀られている神霊符（「高御産巣日神」、「神産巣日神」）のお札は裏返し（神名を見えないよう）にしておきます。

お社《やしろ》がない場合

お社がない場合は、タンスや本棚《ほんだな》の上などを整えて清浄《せいじょう》な敷物《しきもの》を敷《し》き、前記の順番に従って神霊符《しんれいふ》をお祀《まつ》りしましょう。大切なのはお祀りする〝心〟ですから、できるところから工夫してみてください。

新たにお社を購入《こうにゅう》する場合

お社を新たに購入する場合には、〝三社造り〟のような、それぞれの神霊符の神名が見えるお社をおすすめします。お社を置く場所によっては、〝一社造り〟や屋根を除いた箱宮型《はこみやがた》もよいでしょう。神霊符のサイズは「天之御中主大神《あめのみなかぬしのおおかみ》」のお札が大小二種類、「高御産巣日神《たかみむすびのかみ》」「神産巣日神《かみむすびのかみ》」のお札は一種類です。お社の寸法を確認して購入《こうにゅう》してください。

4．その他の注意

お社《やしろ》の御簾《みす》は上げましょう

礼拝《らいはい》の際に神霊符《しんれいふ》の神名を拝して、〝ムスビの働き〟を意識するためです。

神鏡《しんきょう》は置きません

神鏡を置くことで「天之御中主大神《あめのみなかぬしのおおかみ》」の神名が見えにくくなり、唯一《ゆいいつ》絶対神の御徳《おんとく》を意識する力が限定されるおそれがありますので、神棚《かみだな》には置きません。

サカキ（あるいは他の常緑樹）を飾《かざ》りましょう

神棚の左右にはサカキなどの常緑樹を飾り、自然とのつながりを意識しましょう。サカキが生育していない地域の場合は、ヒサカキやスギ、モミ、カシ、マツ、シキミなど、それぞれの地域に育つ常緑樹を使いましょう。サカキ（あるいは他の常緑樹）は、新鮮《しんせん》な青々《あおあお》としたものを供えましょう。

これは「神霊《しんれい》に捧《ささ》げる」という意味に加えて、新鮮な生き生きとした葉を私たちが見ることによって、生命の造化《ぞうか》の働きに心を振《ふ》り向けるためです。毎日水を換《か》え、葉が変色する前に新しいものと交換《こうかん》しましょう。

神饌《しんせん》をお供えしましょう

毎日の神饌は、米・塩・水などです。神饌をお供えして、自然の恵《めぐ》みに感謝するとともに自然界の〝ムスビの働き〟を意識しましょう。米・塩・水の他に酒、旬《しゅん》の野菜、果物などもよいでしょう。

香を焚《た》いてもいいでしょう

その際は、祈《いの》りと感謝の気持ちが、香の煙《けむり》と共に神の御許《みもと》に届くことを黙念《もくねん》します。

朝に礼拝《らいはい》

朝（一日のはじまり）に拝礼することを基本とします。神道《しんとう》形式に親しんでいる人は、天津祝詞《あまつのりと》を唱えた後に聖経または讃歌《さんか》を朗誦《ろうしょう》するのが良いでしょう。

夕方の礼拝

夕方（一日のおわり）に礼拝しても良いでしょう。この場合、「聖経または讃歌の読誦《どくじゅ》」は省略可能です。一日の内に、朝と夕の二回拝礼をする場合にも、朝の拝礼時に撤饌《てっせん》（神饌《しんせん》を下げる）をして、一度扉《とびら》を閉じ、夕方の拝礼時にも献饌《けんせん》することをお薦《すす》めします。扉を日中にずっと開けておくと、神殿《しんでん》内にホコリが入るうえ、心のけじめがつきにくいからです。

また、神饌《しんせん》は、祭祀《さいし》の後に引き上げて食することをお薦《すす》めします。これには「神に捧《ささ》げたのと同じものをいただく」という「共食」の意味があり、神との一体感が深まります。

なお、菜園のある人は新しい収穫《しゅうかく》物を、菜園をもたない人は新しい到来《とうらい》物などの一部を添《そ》えることで、「共食」の実感を深めることができます。

5. 毎日の拝礼

礼拝《らいはい》の際は、次頁にあるようにお社《やしろ》の扉《とびら》を開けます。これは、神名を拝して唯《ゆい》一《いつ》絶対神の生々《せいせい》化育《かいく》の御力《みちから》が、陰陽《いんよう》二神の〝ムスビの働き〟としてこの世に表れていることを意識するためです。

一、一拝

一、扉《とびら》を開く　三社造りの場合は、中央、向かって右、向かって左の順番に扉を開けます。

※　一社造りの場合、扉を開け、次にお社《やしろ》の外の左右にあるお札（神名を見えないよう裏返しに伏《ふ》せてある）を、向かって右（高御産巣日神《たかみむすびのかみ》）、向かって左（神産巣日神《かみむすびのかみ》）の順に表に返す。（神名のある側を表にする）

一、献饌《けんせん》　神饌《しんせん》をお供えします。左から水・米・塩の順番に並べます。

※　水器《すいき》は、白磁か素焼土器で作られた壺《つぼ》のような丸い器で、この中に水を入れて供える。この時、ふたがある場合には、ふたを取る。

一、二拝二拍手一揖《はくしゅいちゆう》

一、聖経または讃歌《さんか》の読誦《どくじゅ》

※ 天津祝詞《あまつのりと》を唱えた後で読誦しても良い。仏壇《ぶつだん》など別の場で読誦する場合は、省略可。

一、二拝二拍手一揖

一、撤饌《てっせん》

※ 水器《すいき》のふたを閉じ、神饌《しんせん》を下げる。

一、扉《とびら》を閉じる　三社造りの場合は、向かって左、向かって右、中央の順。

※一社造りの場合、お社《やしろ》の外、向かって左（神産巣日神《かみむすびのかみ》）、向かって右（高御産巣日神《たかみむすびのかみ》）の順に神霊符《しんれいふ》を裏返し、最後にお社の扉を閉じる。

一、一拝

〈注〉

生長の家総本山発行のリーフレット『〝造化の三神〟の祭祀について』をもとにした。

招神歌《かみよびうた》

生《い》きとし生《い》けるものを生《い》かし給《たま》える御祖神《みおやがみ》、元津霊《もとつみたま》ゆ幸《さきは》え給《たま》え。
吾《わ》が生《い》くるは吾《わ》が力《ちから》ならず、天地《あめつち》を貫《つらぬ》きて生《い》くる祖神《みおや》の生命《いのち》。
わが業《わざ》はわが為《な》すにあらず、天地《あめつち》を貫《つらぬ》きて生《い》くる祖神《みおや》の権能《ちから》。
天地《あめつち》の祖神《みおや》の道《みち》を伝《つた》えんと顕《あ》れましし、生長《せいちょう》の家《いえ》の大神《おおかみ》守《まも》りませ。

〈注〉
出典は、谷口清超著『神想観はすばらしい』五七〜五八頁から、一部改める。

招《かみ》神《よび》歌《うた》

〈注〉出典は、谷口清超著『神想観はすばらしい』六九頁から。

イキートシイケルモノヲイカシタマエルミオヤガミ
モトーオツウミタマユ サキー ハエー タ マ エ
ワガー イクルハワガチカラナラズアメー ツチ ヲ
ツラ ー ヌ キ テ イ ク ル ミオ ヤノ イノ チ
ワ ガーワ ザ ハ ワ ガーナ スー ニ アラ ズ アメ ツチ ヲ
ツラ ー ヌ キ テ イ ク ル ミオ ヤノ チ カ ラ
アメー ツチ ノミオ ヤノミ チヲツ タ エントー アレーマシ シ
セ イー チョウ ノ イエ ノ オオ カー ミ マモー リ マ セ

, フレーズ（一節）の切れ目。必ずしもここで切らなくてもよい。

こぶし。各自の高低に応じて入れてもよい。

招神歌《かみよびうた》の唱え方

イキ《イ》トシイケルモノヲイカシタマエルミオヤガミ。

モト《オ》ツ《ウ》ミタマユ《ウ》サキ《イ》ハエタマエ。

ワガ《ア》イクルハワガチカラナラ《ア》ズアメ《エ》ツチヲ。

ツラ《ア》ヌキテイクルミオヤノイノチ。

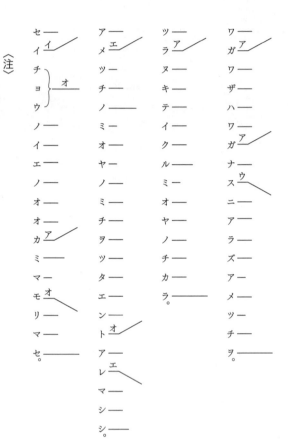

ワガワザハワガナスニアラズアメツチヲ。

ツラヌキテイクルミオヤノチカラ。

アメツチノミオヤノミチヲツタエントアレマシシ。

セイチョウノイエノオオカミマモリマセ。

〈注〉

出典は、谷口清超著『神想観はすばらしい』七一頁から。

光明《こうみょう》思念《しねん》の歌《うた》（大調和《みすまる》の歌）

天照《あまてら》す御親《みおや》の神《かみ》の大調和《みすまる》の　生命《いのち》射照《いてら》し宇宙《くに》静《しず》かなり

〈注〉

『神想観はすばらしい』六五頁から引用、一部改める。光明思念の歌の初出は、『生長の家』一九三六年（昭11）二月発行の記念増刊号。谷口雅春先生はこの歌の名称を『詳説　神想観』などで「光明思念の歌」と記されている。「みすまるの歌」は略称。

光明《こうみょう》思念《しねん》の歌

ア マー テラス　ミ オー ヤ ノー カ ミ ノ　ミ スーー マ ル ノ
イ ノー オ チ イ テ ラ シ ク ニー シ ズー カ ナ リ

〈注〉

出典は、谷口清超著『神想観はすばらしい』七〇頁から。

光明《こうみょう》思念《しねん》の歌の唱え方

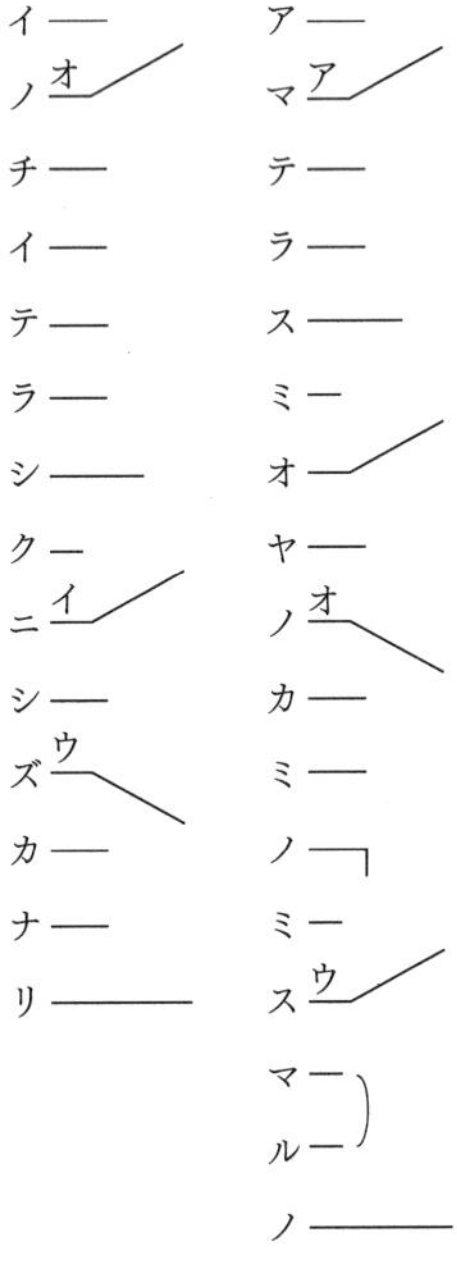

〈注〉

出典は、谷口清超著『神想観はすばらしい』七一頁から。

神想観《しんそうかん》のやり方

神想観は祈《いの》りである

普通《ふつう》「祈り」というと、「神様、どうか何かをしてください」という〝哀願《あいがん》〟の意味にとられることがありますが、生長の家の「神想観」はその名のとおり「神を想い観じる」ことで、〝哀願〟や〝神だのみ〟ではありません。自分の中の「神」を知り、「実相」を知るための行事ですから、「何かがほしい」という〝懇願《こんがん》〟ではありません。ストレスや「迷い」の霧《きり》を吹《ふ》き払《はら》い、すでに厳然として存在している「実相世界」を、「神」を全人格的に自分の中に観じ、体験する行事です。

このように書きますと、何か大変に難解で、高度な熟練を必要とするものであるように思われるかもしれませんが、そうではなく、神想観はある意味では簡単な、ごく自然な行事です。なぜなら私たち人間は神様の〝分身〟である「神の子」なのですから、神様の方へ、実相の方へと私たちを振《ふ》り向かせる行事である神想観《しんそうかん》は、幼児が親の方へ振り返るようにごく自然で、当たり前なことだといわなければならないでしょう。そして、幼児が親を振り返ってニコッと笑い、「ぼくはあなたに生かされている、あなたの子です」という意思表示をするのと同じように、「私は神の子であり、神様に生かされているから、病気も、悪も、罪もない」と高らかに宣言するのが神想観の本質だといえるでしょう。私たちが普通《ふつう》に「神様に祈《いの》る」という時には、どこか天の上のはるか高い所に神様がいて、その近づきがたい天上の神様に向かって、地上の低い所にいる私たちが一所懸命《けんめい》に声をはり上げてお願いする――というようなニュアンスにとられがちです。しかし、神想観とは、そういうように神様と人間を二つの別々《べつべつ》のものとしてみるのではなく、「神様と自分とは一体であり、神様の生命《いのち》が自分の生命であり、自分の生命が神様の生命である」というように、神様と自分との一体感を深めるための行事です。前に挙げた「幼児と親」の比喩《ひゆ》を使えば、神想観《しんそうかん》の基本は、「神様、私はあなたの子です。あなたは私のお父さんです。あなたの生命が私に宿って、ここに私の生命となっているのです」という実感とともに、神様のヒザの上に、まっしぐらにかき上るような感情をこめた一体感をきわめることです。この一体感を、理屈《りくつ》ではなく、現在意識だけでなく、潜在《せんざい》意識の底の底にまでたたみ込《こ》むのが神想観であります。

神想観は実相観

また、神想観は一直線に「実相」を見る「実相観」ですから、日常生活に付随《ふずい》したいろいろな雑事を念頭から追い払《はら》わねばなりません。神想観をやっているあいだに「病気が治りたい」とか「お金がもっとほしい」とか、現象的な〝影《かげ》〟を追求する心が少しでも混りますと、それはすべてのものが完全に備わっている「実相」を心に描《えが》くことではなく、「何かが足りない」という欠乏《けつぼう》感でありますから、「神想観《しんそうかん》」ではなく「欠乏観」になってしまいます。また、このような雑事は「現象世界」の出来事ですから、そのような現象的なものを心に描いている限り、それは「現象観」であり、いつまでたっても「神想観」にはならないのです。

「神様の方へ振《ふ》り向く」のが神想観だといいましたが、単に「振り向く」だけでは、首が振り向いていても体が別の方向へ向いていたり、足が前方へ歩き続けていたりします。私たち大人の振り向き方は、たいていこんなものですが、幼児が親の方を振り向く時は、首だけではなく、体全体で振り向きます。足はその場に止まり、やがて親の方へと駆《か》け寄ってくるでしょう。「神様に振り向く」時も、現象的なことに心をひっかからせず、この幼児のように真直ぐ、素直に振り向くことが大切です。

ですから、私たちが祈《いの》る時には、「神様」や「実相世界」の完全なすがたを心に描き、それに心を集中し、すでにその完全なすがたが存在する様子を心で見つめ、賛美し、感謝するというのが、最良の方法です。

「実相」は自然にわかる

「実相を見つめるといっても、まず実相を知らせてもらわないと実相というものがわからない。わからないものを心に描《えが》いて見つめるわけにはいかないじゃないか」という人がいるかもしれません。しかし、「実相」は、あなたの内部にすでにちゃんとあるのですから、心をそれに振《ふ》り向けるように外的環境《かんきょう》を整えたり、姿勢を正したり、雑念を去るなどの準備をすれば、自然に見えてくるものです。たとえば、あなたがもし難病に冒《おか》されていると仮定します。ところが、「A駅の近くにあるB大学病院にはX博士という名医がいて、その難病専門の科学的設備も整っている」という話を聞けば、あなたはA駅にも、その大学病院へも行ったことがなく、X博士とはどんな人間かを全く知らなくても、きっと電車に乗るか、車に乗るかして、

A駅を目指すと思います。A駅が本当にそこにありさえすれば、あなたはたとえどこにいたとしても、切符《きっぷ》を買い、A駅へ向かう電車に乗ることでしょう。A駅の駅舎がどんな形であり、大学病院が何階建てであり、X博士がどんな人間であるかなど知らなくても、A駅行きの電車に乗りさえすれば、A駅に着くのですから、そこで駅や大学病院の様子もわかるし、X博士がどんな顔をしているかもわかってきます。それと同じように、「実相」へ近づく方法さえわかれば、その方法どおりに準備すれば、やがてだんだんと「実相」が見えてきて、実相に到着《とうちゃく》するようになってきます。この〝実相駅〟行きの電車が「神想観《しんそうかん》」です。

神想観は「凝念《ぎょうねん》」ではない

宗教というものを、霊魂《れいこん》の交信や、霊媒《れいばい》術、透視《とうし》術、占《うらな》い、未来予知、魔術《まじゅつ》などの「オカルト映画」の世界と同一視している人の中には、「祈《いの》り」とは何か念力で物を動かしたり、自分のしたいことをやろうとする「凝念《ぎょうねん》」だと思い違《ちが》いしている人が多いと思います。しかし、神想観《しんそうかん》は、そのような「何かをしたい」とか「あれがほしい」というような自分勝手な願望を通すための手段ではありません。ですから、「念力」を出そうと思って、肩《かた》ヒジを張り、全身に力を入れ、アブラ汗《あせ》を流すような、ムダなエネルギーを費す必要は全くありません。気持ちを楽にして、ゆったりとした、おおらかな気持ちで、あなた自身の中にある「実相」をただ見つめ、感じ、賛美すればいいのですから、神想観を終えた後は、疲労《ひろう》するどころか、気分が爽快《そうかい》となり、かえって疲《つか》れがとれるのが本当です。

それでは、このような神想観を、実際にどのようにして行えばいいかを次に説明しましょう。

姿勢

「私たちの体には〝心の形〟が現われている」という話を『病気はこうして治る——原理篇《へん》——1』の第二章でしましたが、これは「心と体は密接に結びついている」という意味です。ですから、「体の形を整えれば心の方も整ってくる」ことも事実です。これは、私たちが日常体験していることでもあります。礼服を着れば、心があらたまった気分になり、正座をすれば気分がひきしまり、神社の拝殿《はいでん》の前へ立てば、何となく合掌《がっしょう》したい気持ちになります。それと同じように、心を整えるためには、まず正しい姿勢をとらねばなりません。

すわり方

◇略式

左足を右足の上に重ねます。やせている人は足を深く重ねてすわりますが、太っている人は親指だけを重ねてもいいでしょう。体の重心を落とす前に、一度、腰《こし》の部分をぐっと後ろへ突《つ》き出すようにしてすわると、腰骨《こしぼね》と背骨の下部が安定し、腹部がスッと前方へ出た楽な姿勢になります。両ヒザの間隔《かんかく》は自分で最も安定する距離《きょり》に開きます。そのまま腹を伸《の》ばし、背骨を伸ばし、胸をゆるやかに、すべて伸び伸びとした気分ですわります。

◇正座

左足を右足の上に重ねるのは同じですが、右足の親指の先が左足の外側のくるぶし（足首の内側と外側にある梅干しの種のような隆起《りゅうき》した骨）の所にまで来るように深く重ねます。すると、左足の親指は、右足の内側のくるぶしとかかとの間にできるくぼみにスッポリとはまります。両ヒザの間隔は、正三角形の台座を作るつもりで、男性はこぶしが五握《いつにぎ》り半ほど、女性は一握《ひとにぎ》りか二握り入る距離《きょり》に開きます。そこで両手を前方に突き、お尻《しり》をぐっと後ろへ突き出します。すると会陰《えいん》

部（肛門《こうもん》の前方）が左足の土踏《つちふ》まず（足の裏のくぼんだ部分）のちょうど上に来ますから、そのまま静かに腹を伸《の》ばしたまま、体重を落とし、体を起こします。

初めこのすわり方に慣れないあいだは、足首などが痛むかもしれませんが、慣れれば痛みは消えます。足が痛くてガマンできない時は、下の足と上の足とを、土踏まずを中心として互《たが》いに少し回転させ、両足の親指を双方《そうほう》のくるぶしの位置から外すようにすれば楽になります。

◇椅子《いす》にかけてやる場合

最近の住宅では、畳《たたみ》を敷《し》いた部屋が減ってきました。若い人たちは畳が敷いてあっても、その上に背の高い机と椅子《いす》を置いて生活するようになっています。神《しん》想観《そうかん》は、本当は正座して行うのが一番正しい方法ですから、畳《たたみ》の部屋がなくても、洋室のじゅうたんの上でやるなど、できるだけすわるようにしましょう。しかし、

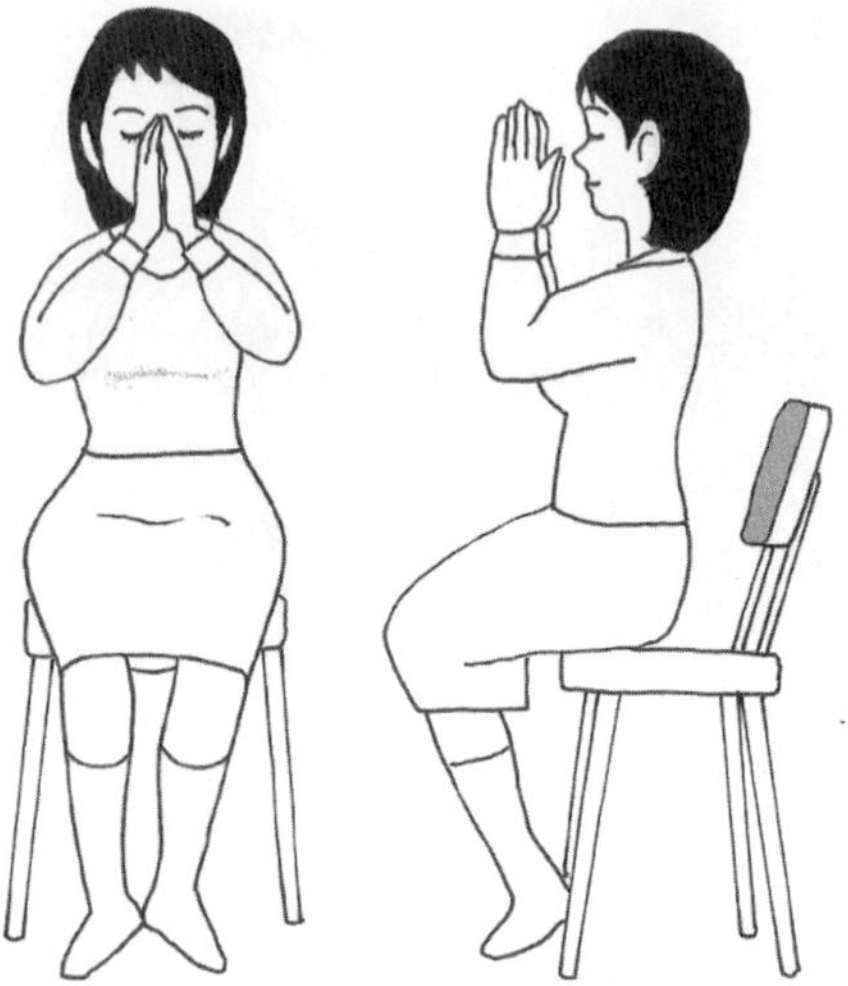

足にケガをしていたり、静かに、おちついた雰囲気《ふんいき》で一人でいられる場所に椅子しかない場合などには、椅子を使った神想観もあります。

この場合は、椅子にできるだけ浅くかけます。やはり、お尻《しり》をぐっと後方へ突《つ》き出すようにしますと、背骨から腰《こし》のあたりがしっかりと落ちつきます。足は前に投げ出さず、引き寄せて

爪先《つまさき》で床《ゆか》を軽く支えます。足のかかとの部分が、ちょうど会陰《えいん》部の下部へ入ります。背骨をまっすぐに立て、体の重心を爪先に落すような気持ちになります。

合掌《がっしょう》

合掌は、指を曲げずに両方の手のひらを軽く合わせ、中指の先を額の中央の高さにまで上げます。この時、親指は外側へ張り出さずに、人差し指につけるようにします。そして、合掌をできるだけ近づけますと、指先は正しく天の方向を指します。両親指の第一関節と第二関節の間にすきまができますが、ここに鼻の息が入るような高さにします。合掌を頂点とした∧形ができますが、この合掌の手首と手首との角度は、正三角形の角度(六〇度)ぐらいが適当です。この角度が大きすぎると肩《かた》に力が入って凝《こ》ります。腕《うで》とわきの下には、握《にぎ》りこぶしが一つ入るほどあけます。

手指やてのひらは、昔から霊能《れいのう》の中枢《ちゅうすう》といわれています。私たちがうっかりケガをした時などにも、無意識に患部《かんぶ》へ手が行きますが、これは本能が手の霊能を使って傷口を治そうとする働きです。また、腹痛や歯痛の時も、私たちの手はごく自然に患部を押《おさ》えます。手先そのものが痛むと、私たちは指を口にふくんだり、ハーッと息をかけたりしますが、これは口と息の霊能を利用しようとする働きです。神想観《しんそうかん》の合掌《がっしょう》は、この二つの霊能の中枢を近づけ、さらにこれを人間の額（眉間《みけん》）というもう一つの霊能の中枢に引き寄せることによって、一種の〃霊的《れいてき》波動〃を受けるアンテナを構成するものです。

目の閉じ方

神想観《しんそうかん》をするときに目を閉じるのは「現象世界はない」として、それを見ないためです。現象世界が見えるのを防ぐために、まぶたを閉じるわけです。精神統一を助けるという意味でもありますが、それをさらに有効にするためには、目を閉じたあとも、眼球は上方へ向けて動かさないのがいいでしょう。ちょうど合掌《がっしょう》の先端《せんたん》を見つめるような気持ちになれば、精神統一がしやすくなります。

また、「精神を統一する」というと、何か大変な修行をするつもりになるのか、眉間《みけん》にシワを寄せる人がいますが、眉《まゆ》をしかめると心が何となく暗くなり、「実相」を見ることが難しくなりますから、心をゆったりと落ちつかせ、明るく、ほがらかな気持ちにちなる意味からも、眉間にはできるだけシワを寄せないようにしましょう。

招神歌《かみよびうた》

姿勢が整いますと、いよいよ神想観《しんそうかん》に入りますが、神想観の初めに「招神歌」というのを唱えます。これには、精神統一をするとともに、自分の心を「神様」と「実相」の方へ真直ぐに振《ふ》り向け、さらに「神を招く」ことによって、神想観中に低級霊《れい》が干渉《かんしょう》してくるのを防ぐという三つの意義があります。

これと似た方法は他の宗教でも考案されています。自力仏教では「座禅《ざぜん》」「摩訶《まか》止観《しかん》」などの方法があり、他力仏教では「専修念仏」をすることになっており、古神道《こしんとう》には「鎮魂《ちんこん》」という方法があります。いずれも自分の雑念を去って「神」や「仏」の〝光〟を完全に浴びるためのものですが、「雑念を去る」ために、自分の心（現在意識）の働きをできるだけ止めようとするのを「止観」といいます。しかし、止観では、完全な止観に達するまでに〝半止観〟とか〝半意識〟というような中途半端《ちゅうとはんぱ》な心の状態を通過しなければならず、この状態では、本来〝意識の番兵〟として私たちの心を守っている現在意識が充分《じゅうぶん》に活動していないので、そのスキに乗じて低級な霊《れい》が干渉《かんしょう》するという危険性があります。仏教の祖である釈《しゃ》迦《か》でさえ、ナイランジャナー河畔《かはん》で断食修行を行いながら静坐《せいざ》している時、〝悪《あく》魔《ま》〟が現われて誘惑《ゆうわく》しようとしたことが『過去現在因果経』[2]などに出ていますし、イエス・キリストが四十日四十夜断食して祈《いの》られた時にも、やはり〝悪魔〟が出現してキリストを試みたということが聖書に書いてあります。[3]宗教界の大天才でさえそうなのですから、私たち凡人《ぼんじん》が無念無想の状態から止観に達することは、なみたいていのことではなく、危険をともないます。

そこで「雑念を去る」ためのもう一つの方法として、神様を呼び、実相を念じることによって「雑念を追い払《はら》う」というのが神想観《しんそうかん》の「招神歌《かみよびうた》」です。無念無想ではなく、有念有想によって精神統一を行うのが神想観です。招神歌によって「生長の家の神」を招き、低級な霊の干渉を断ち、同時に心をひたすら「大生命」である神様に集中し、一体となろうとする方法です。

いま「生長の家の神」という書き方をしましたが、この神様は何も「キリスト教の神」や神道《しんとう》の「天之御中主神《あめのみなかぬしのかみ》」とは別の人格をもった〝もう一人の神〟という意味ではありません。生長の家では「すべての宗教の神髄《しんずい》は一つであり、真理は一つである」という立場をとっていますから、生長の家の神とは「全包容的な神」であり、「宇宙《うちゅう》にくまなく満ちている知性ある法則、大生命の人格的現われ」であります。招神歌《かみよびうた》には「生長の家の大神《おおかみ》、守りませ」という言葉が出てきますが、この「大神」はこのような意味で「一宗一派の神」というような限定的な神様ではありません。

それでは、次に、このような「宇宙の大生命」を念じる招神歌（全文は一七七頁参照）とはどんな歌なのか、という説明に入りましょう。

歌の意味

最初の一行は「宇宙《うちゅう》の生きるものすべてを生かしている大生命よ」という、神様への呼びかけです。「元津霊《もとつみたま》ゆ」とは、「その大生命（元のみたま）から」という意味で、次に来る「さきはえたまえ」が「元より末へ幸福を分け与《あた》えられている」という意味ですから、最初の行では「大生命の分身が私であり、私は大生命によって生かされている」と宣言しているわけです。「さきはえたまえ」と依頼《いらい》しているようでもありますが、別に依頼しなくとも、現に人間は大生命の分身なのですから、これはこのように唱えることによって「人間は神様から生命を与えられ、生かされている」という事実を再確認するための言葉です。

こうして「人間は大生命の分身である」という事実が再認識されましたら、二～四行目の歌を唱えます。この部分の歌詞は説明を要しないほど平易に書かれています。つまり「自分が生きているのは自力で生きているのではなく、大生命のいのちがここに生きているのだ」という意味であり、「自分の行為《こうい》や業績は自分がしているのではなく、大生命の力によるものだ」という意味です。最後の部分は、「このような大生命が人格的に現われ、私たちに道を示してくださろうとしている生長の家の神様、お守りください」ということになります。

この招神歌《かみよびうた》には、本書一七九～一八〇頁にあるように、一定の節と言いまわしが確立されていますので、正確に実行されたい方は同頁の「招神歌の唱え方」を参考にされ、さらに神想観《しんそうかん》指導の録音テープまたはＣＤ（世界聖典普及協会発行）を聞きながら練習してください。

気合《きあい》

招神歌を唱えた後に、「イユゥー」という気合をかけます。気合は、私たちの想念が凝集《ぎょうしゅう》したものです。ここで気合をかけることで、招神歌の内容を徹底《てってい》させ、「実相完全」の方向に向かって私たちの想念をほとばしり出させるという意義があります。

合掌《がっしょう》をしたまま、一度大きく息を吸い込《こ》み、胸骨下方のみずおちをやや引込《ひっこ》めて鼻から息を半ば出した後、ヘソの下の「丹田《たんでん》」といわれる所に力を入れて、一気に力強く「イユゥー」と気合《きあい》をかけます。

呼吸法

神想観《しんそうかん》の呼吸法は、一般《いっぱん》に「腹式呼吸」といわれているものです。目を閉じて合掌したまま鼻からゆっくりと息を吸いますが、心では「鼻から息を吸う」とは思わず、合掌の先から大生命の生気《せいき》が流れ込み、下腹まで生気が満ちみつる様子を心に描《えが》き、感じるようにします。この時、心の中で「神の無限の生かす力、わがうちに流れ入《い》る、流れ入る…」と念じます。充分《じゅうぶん》に息が入《はい》りましたら、一度、みずおちあたりの息を下腹の方へのみ込み落《こ》とす気持ちになります。それには、みずおちを後方へ吸い込むようなつもりでへこませ、同時に下腹を前方へふくらすようにしますと、息は丹田《たんでん》に落ち着いて、下腹に充《み》ち足りた感じが起《おこ》ります。この時、息の一部をかすかに鼻から出すのがいいでしょう。心の中では「神の無限の生かす力に満たされている、生かされている、満たされている、生かされている……」と唱えます。やがて自然に息をはきたくなったとき、同じことを唱えながら、唇《くちびる》を紙一枚ほど開けた間から、徐々《じょじょ》に息を吐《は》き出します。

神と自分との分離《ぶんり》感を取り払《はら》い、大生命の無限の力に生かされているという感じを潜在《せんざい》意識の底の底にまで自覚させ、気息《きそく》を充実《じゅうじつ》させるという目的を達成すればいいのです。これが神想観《しんそうかん》の呼吸法であり、基礎《きそ》的修行法です。

〈注〉

『病気はこうして治る―実践篇』一〇～二七頁から引用、一部を書き改めた。

1　世界聖典普及協会編『病気はこうして治る――原理篇――（誌友会のためのブックレットシリーズ5）』（生長の家、二〇一八年）三一～五六頁。

2　釈迦の伝記を描いた代表的経典。四巻。釈迦の前世とその生涯の大部分を説く。

3　『マタイによる福音書』第四章一～十一節、『ルカによる福音書』第四章一～十三節。

基本的神想観《しんそうかん》

吾《わ》れ今五官の世界を去って実相の世界に入《い》る。此処《ここ》がこのまま実相の世界である。

神の無限の智慧《ちえ》の海、神の無限の智慧の海、神の無限の智慧の海……

神の無限の愛の海、神の無限の愛の海、神の無限の愛の海……

神の無限の生命《せいめい》の海、神の無限の生命の海、神の無限の生命の海……

神の無限の供給の海、神の無限の供給の海、神の無限の供給の海……

神の無限の悦《よろこ》びの海、神の無限の悦びの海、神の無限の悦びの海……

神の無限の調和の海、神の無限の調和の海、神の無限の調和の海……

この大調和《だいちょうわ》の実相の世界にいて、吾《わ》れ神の子として神より無限の生かす力の供給を受けつつあるのである。

（合掌《がっしょう》より天降り来る神のいのちを、鼻より受けて吸い込《こ》む気持ちで静かに息を吸う。息は吸気と共に頭上より脊柱《せきちゅう》に沿って全身に流れ入《い》り、全身が神の霊的生命《れいてきせいめい》により置き換《か》わるような感じを抱きつつ）

神の無限の生かす力わが中《うち》に流れ入る流れ入る流れ入る……

（と念ずる。充分《じゅうぶん》に息を吸った時、その息を下腹に落とし、丹田《たんでん》に力が充満した感じを起《おこ》し、その充実感を、神のいのちに満たされていると観じ、静かに下腹に息を保ったまま）

満たされている。生かされている。満たされている。生かされている。ありがとうございます、ありがとうございます。……

(と念じ、全身が神のいのちによって光り輝《かがや》いている様子を心に描《えが》き、心の眼によってそれを見詰《みつ》めるつもりで精神を統一し、呼気《こき》は一気に吐《は》かず自然に鼻より漏《も》れ出るにまかせる。自然に呼気が洩《も》れて、息を吸いたくなってきた頃《ころ》息を吸う。吸う時の気持ちは前述の通り。丹田充実《たんでんじゅうじつ》、満たされ生かされている思念も前と同様。)

もはや吾《わ》れ生くるにあらず、神のいのちここにありて生くるなり。

(と念じ、以下順次繰返《くりかえ》す……。)

〈注〉

『新編　聖光録』一〇四～一〇六頁から引用、一部を書き改めた。

神を讃《たた》える神想観《しんそうかん》

吾《わ》れ今五官の世界を去って実相の世界に入《い》る。ここがこのまま実相の世界である。
ああ、神の造り給《たま》いし実相の世界の妙《たえ》なるかな！
（本当に讃嘆《さんたん》するような感情を起《おこ》してこう念じる。）
神の無限の智慧《ちえ》に充《み》たされてあるかな！
神の無限の愛に充たされてあるかな！
神の無限の生命《せいめい》に充たされてあるかな！
神の無限の供給に充たされてあるかな！
神の無限の悦《よろこ》びに充たされてあるかな！
神の無限の調和に充たされてあるかな！
この大調和《だいちょうわ》の実相の世界にいて、吾れ神の子として神より無限の生かす力の供給

を受けつつあるのである

（と念じて静かに鼻より息を吸いながら、空気を吸うと思わないで、今心の眼で見つめているところの光輝《かがや》く神様の六つの御徳《おんとく》――これを引っくるめて「神の無限の生かす力」といいます――を吸い込《こ》む気持ちで、できるだけゆっくり鼻より息を吸いながら心の眼の裡《うち》には、光輝くものが吸う息と共に、頭の先から自分の体を上から下へ流れ入《い》る有様《ありさま》をじーっと心の眼で見つめながら、しずかにしずかに息を吸いながら心のうちで――）

ああ、神の無限の生かす力、我に流れ入るかな!!

（と繰返《くりかえ》し讃嘆《さんたん》する気持ちで念じる）

ああ、神の無限の生かす力、我に流れ入るかな!!

（こう讃嘆的に念じつつ、静かに静かに息を吸う。すっかり息が入ったならば、臍《へそ》より上の辺《あた》り、みずおちの辺《あた》りを後へ吸い込《こ》める気持ちになり、その辺《へん》の息を下腹への

みこみ落して、下腹を前方へふくらすような気持ちになり、じーっと下腹に軽い力を入れて、充《み》ちた感じを下腹へたたえながら）

ああ、神の無限の生かす力に充たされてあるかな‼

ああ、神の無限の生かす力に充たされてあるかな‼

もはや吾《わ》れ生くるにあらず、神のいのちここにありて生くるなり‼

（と繰返《くりかえ》し念じ、光明燦然《さんぜん》と輝《かがや》いている自分をじーっと心の眼で見つめている。そのうちに徐々《じょじょ》に鼻より息が漏《も》れて出る。七分通り息が漏れたとき又《また》静かに息を吸いつつ）

ああ、神の無限の生かす力、我に流れ入《い》るかな‼

ああ、神の無限の生かす力、我に流れ入るかな‼

（息を吸う時には常に繰返しそう念じ、その息を下腹へたたえてからは、いつでも）

ああ、神の無限の生かす力に充たされてあるかな‼

もはや吾れ生くるにあらず、神のいのちここにありて生くるなり‼

（と繰返《くりかえ》す。また息を吸う。……以下念じ方、前の通り繰返す。）

〈注〉

『新編　聖光録』一〇六〜一〇九頁から引用、一部を書き改めた。

四無量心《しむりょうしん》を行ずる神想観《しんそうかん》

われ今五官の世界を去って実相の世界に入《い》る。

神の無限の智慧《ちえ》の海、神の無限の智慧の海、神の無限の智慧の海……

神の無限の愛の海、神の無限の愛の海、神の無限の愛の海……

神の無限の生命《せいめい》の海、神の無限の生命の海、神の無限の生命の海……

神の無限の供給の海、神の無限の供給の海、神の無限の供給の海……

神の無限の悦《よろこ》びの海、神の無限の悦びの海、神の無限の悦びの海……
神の無限の調和の海、神の無限の調和の海、神の無限の調和の海……

（この最初の基本部分に続いて、次のように唱える）

わが心、神の無限の愛、仏の四無量心《しむりょうしん》と一体にして、虚空《こくう》に広がり宇宙《うちゅう》に満ち、すべての衆生《しゅじょう》をみそなわして、その苦しみを除き、悩《なや》みを和《やわ》らげ、楽を与《あた》え、喜びを与えんと欲《ほっ》するのである。（繰返《くりかえ》す）*

一切衆生の苦しみは除かれ、悩みは和らげられ、楽は与えられ、喜びは与えられたのである。ありがとうございます。ありがとうございます。（繰返す）

わが心、神の無限の愛、仏の四無量心と一体にして、さらに虚空に広がり宇宙に満ち、地球のすべての生命《せいめい》と鉱物の一切を見そなわして、その苦しみを除き、楽を与《あた》え、多様性を護《まも》り、喜びを与えんと欲するのである。（繰返《くりかえ》す）

すでに、地球のすべての生命の苦しみは除かれ、楽は与えられ、多様性は護られ、喜びは与えられたのである。ありがとうございます。ありがとうございます。（繰返す）

〈注〉

出典は、『生長の家』二〇一五年四月号、二〇～二一頁から。谷口雅宣先生は、二〇一〇年一月一日のブログ「小閑雑感」で、人間は人に対してだけでなく自然界に対しても四無量心を行ずる必要があることを示され、「四無量心を行ずる神想観」の〝新バージョン〟を発表された。

＊「（繰返す）」の所では、それぞれの祈りの一節を最低二回唱え、その後、祈り手の都合に合わせて同じ一節を黙念する。

如意宝珠観《にょいほうじゅかん》

吾《わ》れ今五官の世界を去って実相の世界に入《い》る。
はるばると目路《めじ》の限りながむるに、十方《じっぽう》世界悉《ことごと》く神なり、吾れ十方世界を礼拝《らいはい》す。
十方世界の一切のものありがとうございます、ありがとうございます。
（こう念じ、十方世界のものに感謝し和解して神様の波長に合うように心を整えて）
十方世界悉く神なり。
神の無限の智慧《ちえ》の海なり、神の無限の智慧の海なり、神の無限の智慧の海なり……
神の無限の愛の海なり、神の無限の愛の海なり、神の無限の愛の海なり……
神の無限の生命《せいめい》の海なり、神の無限の生命の海なり、神の無限の生命の海なり……
神の無限の供給の海なり、神の無限の供給の海なり、神の無限の供給の海なり……
神の無限の悦《よろこ》びの海なり、神の無限の悦びの海なり、神の無限の悦びの海なり……

神の無限の調和の海なり、神の無限の調和の海なり、神の無限の調和の海なり……
この大調和《だいちょうわ》の実相の大海原《おおうなばら》に宮柱《みやはしら》太しく立ち、甍《いらか》高く聳《そび》えたり、ここ竜宮城《りゅうぐうじょう》なり、綿津見《わだつみ》の神の宮なり、塩椎《しおつち》の神の宮なり、一切の宝周《あまね》く満ち、一切の調度尽《ことごと》く七宝《しっぽう》もて荘厳《しょうごん》せり。

住む人悉《ことごと》く身健《すこや》かに、心美しく、相形《すがたかたち》美《うる》わしく和顔愛語讃嘆《わがんあいごさんたん》に満たされたり。

(この場合、くわしくは全ての家族を一々《いちいち》思い浮《うか》べて次のように念ずる。)

わが父、誰《だれ》それは身健かに、心美しく、相形美わしく、和顔愛語讃嘆に満たされたり。

わが母、誰それは身健かに、心美しく、相形美わしく、和顔愛語讃嘆に満たされたり。

わが夫、誰それは身健かに、心美しく、相形美わしく、和顔愛語讃嘆に満たされたり。

わが妻、誰それは身健かに、心美しく、相形美わしく、和顔愛語讃嘆に満たされたり。

われ今此処《ここ》竜宮城に坐《ざ》して、塩椎の大神《おおかみ》より如意宝珠《にょいほうじゅ》を得たり、わが全身如意宝珠なり、光明燦然《さんぜん》として十方《じっぽう》世界を照らす、十方世界光明遍照《へんじょう》、わが全身光明遍照、十方《じっぽう》世界光明遍照《へんじょう》……

（と繰返《くりかえ》す。「われ」と「今」と「此処《ここ》」が一つである。そして今此処竜宮城《りゅうぐうじょう》と自分のいのちが一つであって塩椎《しおつち》の大神《おおかみ》より如意宝珠《にょいほうじゅ》を得たりという、その如意宝珠というのは実は自分の生命《いのち》のみたまのこと。そして自分の身体《からだ》から後光《ごこう》が十方世界に照り渡《わた》り、その光線の反射がまた十方世界から照り返して、無限に照る光と、照り返す黄《おう》金色《ごんしょく》の光とが交錯《こうさく》して、実に荘厳《そうごん》極まりなき有様《ありさま》が心に描《えが》かれるまで）

十方世界光明遍照、わが全身光明遍照、十方世界光明遍照……

（を繰返して、如実《にょじつ》に全身が如意宝珠であるとの念に心が統一した時に）

わが全身如意宝珠なり、潮満《しおみつ》の珠《たま》なり、汐干《しおひる》の珠なり、欲《ほっ》するもの好ましきもの自《おのず》から集り来たり、欲せざるもの好ましからざるものの自から去る。

ありがとうございます、ありがとうございます……

（念じ終れば「はるばると目路《めじ》の限りながむるに、十方世界悉《ことごと》く神なり、神の無限の智慧《ちえ》の海なり……」の部分に復帰し、繰返《くりかえ》し観じる。）

〈注〉

『新編　聖光録』一一一〜一一四頁から引用、一部を書き改めた。

浄円月観《じょうえんげっかん》

（まず正坐瞑目合掌《せいざめいもくがっしょう》し、普通《ふつう》の神想観《しんそうかん》のように、無限の智慧、愛、生命《せいめい》、供給、悦《よろこ》び、調和の世界を観じた後〈あるいは最初から直接〉次のように繰返《くりかえ》して祈《いの》る。）

天地一切《てんちいっさい》の創造主《つくりぬし》にましまして、吾《わ》が生みの御親《みおや》にましまします神よ、あなたの無限の愛を吾れに流れ入《い》らしめ給《たま》いて、吾れに於《お》て愛の霊光燦然《れいこうさんぜん》と輝《かがや》き給いて、すべての人々《ひとびと》の罪を赦《ゆる》し、すべての人々を愛したまえ。

（以下思念《しねん》を次の通り繰返《くりかえ》す）

神の無限の愛吾《わ》れに流れ入《い》りたまいて吾れに於《お》て愛の霊光燦然《れいこうさんぜん》と輝《かがや》きたまう。

（坐《すわ》っている自分の身長と同じ位の、空色の浄円月《じょうえんげつ》の雰囲気《ふんいき》に包まれている自分を内観《ないかん》する。）

吾れに浄円月の雰囲気ただよう。吾れに浄円月の雰囲気ただよう。

吾が雰囲気は、やわらかく、あたたかく、清く、うるわし。すべての人々《ひとびと》に平和と喜びとを与《あた》え、すべての人々の罪を赦《ゆる》し、すべての人々を愛するのである。

（前に戻《もど》り、繰返し念ずる。）

〈注〉

『新編　聖光録』一一四〜一一五頁から引用、一部を書き改めた。

和解の神想観《しんそうかん》

私は貴方《あなた》を赦《ゆる》しました。貴方も私を赦しました。私は貴方を赦しました。貴方も私を赦しました。……

貴方と私とは神において一体であります。

私は貴方を愛しています。貴方も私を愛しています。私は貴方を愛しています。

貴方も私を愛しています。……

貴方と私とは神において一体であります。

私は貴方に感謝しています。貴方も私に感謝しています。私は貴方に感謝していま す。貴方も私に感謝しています。……貴方と私とは神において一体であります。

ありがとうございます。ありがとうございます。……

私と貴方との間には、今何らの心の蟠《わだかま》りもありません。私は心から貴方が幸福であることを信じ祈《いの》ります。貴方《あなた》がますます幸福でありますように。ありがとうございます……

〈注〉
『新編　聖光録』一二一〜一二二頁から引用、一部を書き改めた。

最も簡単で本質的な神想観《しんそうかん》

わがたましいの底の底なる神よ。無限の力よ、湧《わ》き出《い》でよ！
（と呼びかけて、「私は無限の力に護《まも》られているんだ！　人間、力は無限力だ」と数回心の中で一心に繰返《くりかえ》す。）

〈注〉
『新編　聖光録』一二四頁から引用、一部改める。

世界平和の祈《いの》り

神の無限の愛、吾《われ》に流れ入《い》り給《たま》いて、吾において愛の霊光燦然《れいこうさんぜん》と輝《かがや》き給う。その光いよいよ輝きを増して全地上を覆《おお》い給い、すべての人々《ひとびと》の心に愛と平和と秩序《ちつじょ》と中心帰一の真理を満たし給う。

〈注〉
引用は『新編　聖光録』一四五頁から、一部加筆。

浄心行《じょうしんぎょう》実修法

浄心行とは、心の中にある怨《うら》みや、憎《にく》しみ、恐怖《きょうふ》、不安、自分自身に対してとがめる心等一切の気持ちを紙に書いて、聖経読誦《どくじゅ》のうちにこれを焼却《しょうきゃく》する行です。

心の底の想念感情は乾電池に潜在《せんざい》する電気的エネルギーのようなもので、悪想念は病気という形であらわれて消えてゆく場合が多いのです。従ってそれを病気以外の形であらわせば、病気をあらわす必要もなく消えるのであり、その一番良い方法は悪想念を文章に書きあらわし、その書いたもの一切を浄《きよ》め給《たま》う神様に捧《ささ》げ、それを焼くのがよいのです。一切の環境《かんきょう》・運命は自己の心の展開であるから心を浄めれば、外界は全て浄まって来るのです。

浄心行は普通《ふつう》、集団で行いますが、左記は誌友会場又《また》は練成道場などで集団で実修する場合の順序です。一人で行う場合はこの方法に準じます。

記載上《きさい》の心得《こころえ》

紙への記載前、指導者が説明を行う際、次のことを強調する。

「懺悔《ざんげ》の神示」には「世の人々《ひとびと》よ、悪を包み隠《かく》すことなかれ。悪を包み隠すは、なお悪に執著《しゅうじゃく》せるがためなり」と書いてあるが、この〝悪〟の中には「肉食」の習慣も含《ふく》まれる。肉食は、家畜《かちく》が劣悪《れつあく》な環境《かんきょう》で飼育され、残酷《ざんこく》な方法で大量に殺されていることを社会から隠すことによって成立している。この罪を懺悔することも浄心《じょうしん》の中には含まれる。このような動物虐待《ぎゃくたい》を是《ぜ》とする醜《みにく》い心を懺悔して、肉食から離《はな》れる決意は、温暖化抑制《よくせい》の力となると共に、悪因悪果の業《ごう》から抜《ぬ》け出す尊く浄《きよ》い心の導入である。

また、肉食をしない人も、過去に於《お》いて意識的、無意識的に動物虐待をしなかったかを思い起こし、あった場合は懺悔する。同様の視点から、植物や菌類《きんるい》に対して不要の虐待や生物多様性を損なう行為《こうい》を無頓着《むとんちゃく》に行っていた場合も、そのことを思い出し懺悔《ざんげ》する。

一、記載《きさい》

記載は、静かな雰囲気《ふんいき》の中で誰《だれ》にも見られずに書くのが良い。冒頭《ぼうとう》に近親家系の祖先へ、次のように報告文を記します。

例・　○○家
　　　○○家　先祖代々諸霊《せんぞだいだいしょれい》にまつわる悪業悪因縁皆空消滅《あくごうあくいんねんかいくうしょうめつ》

集団浄心行《じょうしんぎょう》を行う時は、記載時間に、指導・世話係の人に、静かに聖経をあげてもらうと、非常に高い霊的《れいてき》雰囲気の中で記載が行われます。書かれたものは、指導世話係の人はもちろん、誰にも見られないよう充分配慮《じゅうぶんはいりょ》をし、書き終ったものから逐次《ちくじ》「実相」軸《じく》の前の三方《さんぽう》又《また》は箱にそなえます。

①真剣《しんけん》な気持ちで自分の現象心の醜《みにく》い心をありのまま書くこと。

②過去の恨《うら》み心は、ただ表面の心で忘れただけでは消えないので、できるだけ思い出して書くこと。また、動物や植物・菌類《きんるい》に対する虐待《ぎゃくたい》や、生物多様性を損なう行為《こうい》がなかったか、思い出して書くこと。

③「あの人だけは絶対赦《ゆる》そうという気持ちがわいてこない」というときは、その赦しがたき気持ちを気のすむまで書くこと。

④「赦さなくてはならない」という気持ちと「赦しがたい」という気持ちが闘《たたか》っている場合には、赦しがたいという気持ちをありのまま書いて、「今までこんな気持ちをもっていて（或《あ》るいはこんなことをしまして）すみませんでした。今神様の前でありのままを書き、神様の火で焼いて一切をきよめさせていただ

きます。ありがとうございます」と最後に書きます。

⑤　怨《うら》みも、憎《にく》しみの心もないと思っている人でも、書き出すと次々《つぎつぎ》に出てくるものですから、とにかく書いてみること。

二、実相礼拝《らいはい》

三、招神歌《かみよびうた》

四、「懺悔《ざんげ》の神示」拝読

先導者朗唱、一同は瞑目合掌《めいもくがっしょう》して拝聴《はいちょう》する

五、「〝最後の審判《しんぱん》〟に就《つ》いての神示」拝読（先導者）

六、祈《いの》りの言葉（先導者）

先導者‥ありがとうございます。只今《ただいま》から、神様のお導きにより浄心行《じょうしんぎょう》をとり行わせていただきます。

吾《われ》ら今まで真理を知らずして、この肉体が自分であると思い違《ちが》いし、欲望の塊《かたまり》として自己を見て審《さば》き、「罪ある者は苦しむべし」との潜在《せんざい》意識の通念から、尊い神の生命《せいめい》を忘れ、神の子らしからぬ姿を顕《あらわ》して参りました。また他人に対しては、観世音菩薩《かんぜおんぼさつ》の慈悲《じひ》の説法であると知らずして、憎《にく》しみ、怨《うら》み、嫉妬《しっと》等の悪しき想念を抱《いだ》いて参りました。

また、人間以外の動植物、菌類《きんるい》に対しては、同じ〝生命の星〟地球を共有する仲間であることを忘れ、劣悪《れつあく》な環境《かんきょう》で飼育し、また残酷《ざんこく》な方法で殺し、あるいはそれらを他人にさせることで自らの良心の呵責《かしゃく》から逃《のが》れる一方、肉食や動物虐待《ぎゃくたい》を顧《かえり》みない生き方を続け、植物や菌類に対しても、不要の虐待や生物多様性を損なう行為《こうい》を無頓着《むとんちゃく》に行うなど、悪しき習慣を重ねてまいりました。

これら百般《ひゃっぱん》の煩悩《ぼんのう》をはじめ、悪習慣、悪しき想念感情の一切をここに懺悔《ざんげ》し、浄心《じょうしん》の紙に記載《きさい》いたしました。どうかこれを媒介《ばいかい》として、吾《われ》らの諸々《もろもろ》の過去の悪因縁《いんねん》、悪業《あくごう》が焼き滅《ほろ》ぼされ、聖経の読誦《どくじゅ》によって浄《きよ》め尽《つ》くされ、本来の完全円満なる神の御国《みくに》の実相が顕《あらわ》れますことを心より祈念《きねん》いたします。

ありがとうございます。ありがとうございます。

それではこれより皆様《みなさま》のお書きになった懺悔文を聖経『甘露《かんろ》の法雨』で浄めながら、天の浄火《じょうか》によって過去の諸業《しょごう》を焼却《しょうきゃく》いたします。

瞑目合掌《めいもくがっしょう》　おなおりください。

七、聖経『甘露の法雨』読誦の中《うち》に懺悔文を焼却

（先導者、聖経終了《しゅうりょう》後、次のように朗読する）

先導者：ありがとうございます。ありがとうございます。この浄心行《じょうしんぎょう》によってわれら及《およ》び御先祖《ごせんぞ》の悪業悪因縁《あくごうあくいんねん》は消滅《しょうめつ》解除せられました。それ故《ゆえ》この浄心行に参加の皆様《みな》及び御先祖の諸霊《しょれい》は全ての業障《ごっしょう》及び一切の迷いの障碍《しょうげ》から解放されて完全に自由になったのであります。解脱《げだつ》を得られたのであります。更《さら》に一層の魂《たましい》の自由を得られますように『維摩経《ゆいまきょう》』の神髄《しんずい》を歌いあげたる『久遠《くおん》いのちの歌』をわれらとともに拝聴《はいちょう》下さい。

八、『久遠いのちの歌』拝聴

（先導者、『久遠いのちの歌』終了後、次のように朗唱する）

先導者：ありがとうございます。ありがとうございます。ご先祖様ありがとうございます。

お父さんありがとうございます。
お母さんありがとうございます。
ありがとうございます。

九、和解、感謝の祈《いの》り（先導者）

先導者：ありがとうございます。ありがとうございます。

ただ今の浄心行《じょうしんぎょう》により、今まで過ちて犯しました悪想念と悪行の一切を、さながら太陽の前の霜《しも》の如《ごと》く、一切を浄《きよ》め給《たま》う神様の火により本来の〝無〟に消滅《しょうめつ》させていただきました。今、私達の心は、底の底まで浄められ、感謝と喜びにみちみたされております。ありがとうございます。ありがとうございます。

十、御先祖《ごせんぞ》様、両親に感謝（先導者）

先導者：この悦《よろこ》びに逢《あ》うことができますのは、御《ご》先《せん》祖《ぞ》様及《およ》び父母《ちちはは》の御徳《おんとく》により、私がこの世に生まれることができたからであります。皆《みな》様、声を出して心の底から感謝の言葉をお唱え下さい。まず御先祖様に感謝を致《いた》します。

御先祖様ー　ありがとうございます。（数回唱和）

次にニッコリされたお父さん、お母さんの顔を思い出して頂きまして、大きな声でお父さん、お母さんに感謝致します。

お父さーん　ありがとうございます。

お母さーん　ありがとうございます。（数回唱和）

十一、和解の神想観《しんそうかん》（先導者）

先導者：ありがとうございます。ありがとうございます。そして、特に今まで過ちて憎《にく》しみ怨《うら》みし人に対して和解の神想観《しんそうかん》を致《いた》します。

（本書二一九頁の同神想観の言葉を唱える。）

（さらに、次のように）

あの時、あなたがああいう姿、態度をとられたのは、あなたが悪いのではなく、わたしの心の中にそういうものがあったればこそ、そういう姿を見せて私を悟《さと》りに導く観世音菩薩《かんぜおんぼさつ》様でございました。そして、そうした姿をもってしても、なお、あなたの奥《おく》にある実相を拝み得る私の内なる神の無限の愛を引き出してくださる観世音菩薩様でございました。

私はあなたに感謝しております。あなたも私に感謝しております。

私はあなたに感謝しております。あなたも私に感謝しております。………

あなたと私とは神において一体でございます。

ありがとうございます。ありがとうございます。………

私とあなたとの間には、今なんらの心の蟠《わだかま》りもありません。
私は心からあなたが幸福であることを信じ祈《いの》ります。
あなたがますます幸福でありますように。
ありがとうございます。ありがとうございます。

十二、「天下無敵となる祈り」（一斉読誦《いっせいどくじゅ》『万物調和六章経』一五頁）

十三、光明《こうみょう》思念《しねん》の歌（先導者、本書一八一頁参照）

十四、実相礼拝《らいはい》

〈注〉

この文章は『新編　聖光録』一四六〜一四八頁をもとに、生長の家総本山の練成会で行われている実修法を加味して一部を書き改めた。

祈《いの》り合いの神想観《しんそうかん》実修法

祈り合いの神想観とは、いろいろの問題を持っていて、祈ってもらいたい人を前にし、その人（複数でも可）と向い合って坐《すわ》り、その人のために、一人で、或《あるい》は複数で心を合わせて、その人の実相を祈り合う神想観です。

神想観は、神の御心《みこころ》に吾《わ》が心の波長を合わせる行事であり、神の御心は、無我の愛でありますから、自分のことは少しも思わず、ひたすら相手の幸福のために祈ります。この「祈り合いの神想観」は、最も神の御心に叶《かな》った神想観であって、この愛の心が神に通じて、神の救いの霊波《れいは》が天降《あまくだ》り、その結果、種々《しゅじゅ》の奇蹟《きせき》的体験が起《おこ》るのです。

祈り合いの神想観は、祈る人、祈られる人が、共に正しい心構えをもって、真《しん》剣《けん》に祈ることが大切です。

個人として困難に直面する参加者の実相顕現《けんげん》を祈《いの》ることに加えて、自然と人間との大調和《だいちょうわ》が顕現することを祈ります。その際、自然災害による被害者《ひがいしゃ》が参加者の中にいれば、その人に「祈られる側」になってもらったり、練成会等の直前に国の内外で大きな自然災害が起こった場合には、道場の講師の一人に「祈られる側」になってもらい、参加者の精神集中の助けとします。

一、着座

着座の形は祈る人と祈られる人が向い合って坐《すわ》る「対座」の形をとってもよいし、祈られる人が少ない場合は、祈る人が円座となり、その中心に祈られる人を坐らせるようにしてもよい。

二、祈られる人の信仰《しんこう》表明

先導者：（一同は静かに聴《き》く）

祈《いの》り合いの神想観《しんそうかん》では、祈りを受ける人が素直に相手の想念を受け入れる心を起こすことが必要です。その理由でイエスは祈るに先立って、相手に対して「わたしにそれができると信じるか」と言ったのです。（『マタイによる福音書』第九章二八節）

祈りに入る前に、祈られる人の中に、このように素直に祈りを受け入れる〝心の姿勢〟をつくるために、次のように信仰《しんこう》の表明をしてもらいます。

祈って下さる方の言葉を私は素直に受け取り、神の癒《いや》しが必ず実現することを信じます。

（祈りを受ける人たちが全員で唱える）

三、実相礼拝《らいはい》

四、祈《いの》りに入る言葉

相手と一体となる言葉

これは祈る人に、祈られる人との強い一体感をもってもらうためのものです。先導者は数回、祈る側の人に繰《く》り返し念じさせます。

「ありがとうございます。ありがとうございます。今、これら私たちのいのちの兄弟姉妹が、心の底からの願いを起こされ、前に出られました。このいのちの兄弟姉妹たちのため、心より祈らせていただきます。あなたと私とは一つのいのちであります。あなたは私であり、私はあなたであります。ありがとうございます。ありがとうございます」

祈りを受ける思念《しねん》の言葉

祈られる人は、祈る側の人が前掲の祈りをしている間、それを受け入れる気持ちになって次のように一心に念じます。

「祈《いの》って下さる間に、自分の神の子としての完全な実相が、多勢の祈りを媒介《ばいかい》として、私に流れ入《い》り、私の総《すべ》ての過去の悪業《あくごう》、悪しき因縁《いんねん》は消滅《しょうめつ》し、実相の完全な姿があらわれます。ありがとうございます。ありがとうございます」

五、招神歌《かみよびうた》

六、大神《おおかみ》のお導きを得る言葉

先導者は招神歌につづいて次のように厳《おごそ》かに宣言します。

「神の聖霊《せいれい》、今ここに天降《あまくだ》り、御心《みこころ》の如《ごと》く祈り合いをなさしめ給《たま》う」

七、祈り（少なくとも二十分以上、黙念《もくねん》することが肝要《かんよう》です）

祈《いの》る側の人は、祈られる人に対して呼びかける気持ちで一心に念じます。

祈る側の思念《しねん》の言葉（「神の子・万徳《まんとく》円満の祈り」[1]の一部を書き換《か》えたもの）

「あなたは〝神の子〟であり、神の有《も》ち給《たま》えるあらゆる善きもの、美しきもの、豊かなるもの、調和せるものの継承《けいしょう》者であるのである。それゆえにあなたは常に最高の健康と、繁栄《はんえい》と、美と、豊富と調和とをこの現象界にも実現するのである。

あなたが〝神の子〟であるということは、神のもちたまえる一切の御徳《おんとく》の実現者であるということなのである。神が病気にかかり給うことは決してないのであるから、神の御徳を実現するあなたもまた決して病気に罹《かか》ることはないのである。神が老衰《ろうすい》したまうということは決してないのであるから、神の御徳を継承するあなたもまた決して老衰するということもないのである。神は無限の富者《ふうじゃ》であり、決して貧乏《びんぼう》になるということはないのであるから、神の後継《あとつぎ》者であるところのあなたも、また決して貧しくなることはないのである。あなたは〝神の子〟として、あらゆる富の要素を自分の身辺に引寄せてそれを実現することができるのである。あなたは〝神の子〟であるから、調和の実現者である。あなたが行くところに必ず調和がくるのである」

（前掲の言葉は紙に記し、祈《いの》る側の人が読んで繰《く》り返し念ずることができるように、貼《は》り出しておくといい）

祈られる人の念じる言葉

「今、神の智慧《ちえ》・愛・生命《せいめい》・供給・悦《よろこ》び・調和の光に包まれて過去の心の迷い・汚《よご》れ・罪は悉《ことごと》く洗い流され浄《きよ》められ、神の智慧・愛・生命・供給・悦び・調和に生かされ、満たされ、吾《われ》、今完全なり、健康なり、調和なり、悦びなり。ありがとうございます。ありがとうございます」

八、「神の生命《せいめい》の奥殿《おくでん》に坐《ざ》する祈《いの》り」[2]の朗読

以上、黙念《もくねん》を二十分以上実修して、最後に先導者が同祈りを厳《おごそ》かに朗読する。朗読は一節の句点まで朗読して、それを二回繰《く》り返す。一回目は、参加者全員が唯《ただ》それを聞き、二回目の朗読に合わせてその句を心の中でとなえる。

九、全員祈りの成就を感謝する。

祈る人、祈られる人ともに既《すで》に祈りの叶《かな》えられたことを心の底深く感謝して、次のように先導者が唱え、一同が続けて心の中で唱和する。

「神よ、われらの祈りを叶えて下さいましてありがとうございます。ありがとうございます。今こそ祈りは叶えられました。ありがとうございます。

神様、私達を人類光明化運動・国際平和信仰《しんこう》運動の聖なる選士として選びたまいしことを感謝致《いた》します。

吾《われ》ら心を合わせて、地上天国、世界平和実現のため働かせていただきます。ありがとうございます。ありがとうございます。

神よ、御心《みこころ》の如《ごと》く私達をお使い下さい。ありがとうございます。ありがとうございます」

十、光明思念《こうみょうしねん》の歌

十一、実相礼拝《らいはい》

十二、感謝の思いの表明と決意表明
祈《いの》られた人は、この祈りを指導し給《たま》いし神様及《およ》び祈って下さった方々《かたがた》に感謝の言葉を述べ、神の子としての愛行の決意を表明する。肉食を控えるなど、神・自然・

人間の大調和を目指す行為《こうい》も愛行に含《ふく》まれる。

〈注〉

この実修法は、『新編　聖光録』一五五～一六四頁をもとに、生長の家総本山で行われている実修法を加味して書き改めた。

1　谷口雅春著『聖経版　真理の吟唱』一六二～一六四頁。

2　前掲書、六一～六四頁。

実相円満誦行《じっそうえんまんしょうぎょう》実修法

実相円満誦行は、実相世界の円満さを潜在《せんざい》意識に徹底《てってい》せしめて心のレンズから不完全の影《かげ》をなくす行です。集団で実修すると、交響楽《こうきょうがく》のように精神および誦《しょう》声《せい》の共鳴が起《おこ》って効果が著しい。先導者の指導によって次のように行います。一人で実修する場合はこの方法に準じます。

一、実相礼拝《らいはい》

二、招神歌《かみよびうた》

三、先導者の言葉（一同は瞑目合掌《めいもくがっしょう》して聴《き》く）

先導者：ただいまから実相円満誦行をはじめさせていただきます。この「実相円満完全」と唱える言葉は、肉体の自分が唱えるのではなく、わが内なる実相円満完全なる神のいのちが内より発顕《はつげん》して鳴り響《ひび》くのです。従って実相が顕在《けんざい》となり、全世界が祝福浄化《じょうか》されることになります。実相が顕在化すれば、人間社会での争いや衝突《しょうとつ》がなくなるだけでなく、『観世音菩薩讃歌《かんぜおんぼさつさんか》』にあるように、自然と人間との争いも無に帰することになります。

「神の世界の実相は　内外無差別《ないがいむしゃべつ》　自他一体《じたいったい》　神我一体《しんがいったい》なり」

「すべての生物と山河《さんが》と海陸《かいりく》は、われの延長なり、われの一部なり、われの全体なり」

ありがとうございます。

四、誦行《しょうぎょう》実修

一同正座（神想観《しんそうかん》の坐《ざ》法）、合掌《がっしょう》しながら先導者に声を揃《そろ》えて「実相円満完全」と唱える。時間は十分、三十分、一時間等、その時に応じ連続して唱え、特にきまりはない。

五、終わり

① 先導者は「やめー」と唱え、一同誦行《しょうぎょう》を終わり、続いて、先導者「光明思《こうみょうし》念《ねん》の歌」を朗誦《ろうしょう》、一同は瞑目合掌《めいもくがっしょう》する。

②「天地一切《てんちいっさい》と和解する祈《いの》り」＊の冒頭《ぼうとう》部分を朗読する。

先導者：「われ今、ここに、神の子として新生し、神に感謝し奉《たてまつ》る。神は普遍《ふへん》的存在にましますのである。一切を包容し、一切のものの周囲に、また一切のものの内にましまして、一切のものを渾然《こんぜん》と一つに融和《ゆうわ》していたまうのである。それゆえに、私もまた、神の子として、その渾然たる一つの融和体の中に存在するのである。それゆえに私は、天地一切のものと融和し、天地一切のものと調和の関係にあり、わが働きは、他の天地一切《てんちいっさい》のものを生かす働きとなり、また天地一切のものの動きは、また我を生かす動きとなるのである。すべての人と事と物とは、今ここに渾然《こんぜん》と調和しており、たがいに争い立つということはないのである。」

③ 実相礼拝《らいはい》

④「実相円満誦行《じっそうえんまんしょうぎょう》を終わります。ありがとうございます。」という先導者の言葉をもって終わる。

〈注〉

この実修法は、『新編　聖光録』一七九〜一八二頁をもとに、生長の家総本山で行われている実修法を加えて書き改めたものである。

＊　谷口雅春著『聖経版　真理の吟唱』四七〜四九頁。

祖先供養及《およ》び霊魂祭祀《れいこんさいし》の方法（要項《ようこう》）

生長の家は、迷信以外の万教《ばんきょう》にはいずれも真理ありと認めるので、それぞれの宗教の儀式《ぎしき》の伝統を尊んで他宗の祭祀の仕方を批判したり、改式を勧《すす》めるものではありません。霊魂祭祀の問題は形式や儀式作法よりも、霊的《れいてき》理解を得ることの方が中枢《ちゅうすう》的に重要な事項《じこう》です。

しかし、父母や兄姉等は既《すで》にそれぞれの宗旨《しゅうし》の形式に従って祖先の霊魂を祭祀しているのに、自分は祭祀してない人が、生長の家の教えに触《ふ》れ、祖先の霊《れい》を供養することが人間としての道であると気づき、自分も祖霊《それい》を祀《まつ》って拝みたいと思う場合もあるので、そういう人のために、日本における霊魂祭祀の形式や順序を次に記します。

新たに霊《れい》を祭祀《さいし》し先祖《せんぞ》供養する場合

一、位牌《いはい》を作る。

清浄《せいじょう》な木材（又《また》は紙）で造った四枚の位牌をつくって、それに左のように家の一族の総名《そうめい》を書く。死後の五十年未満の人の霊のためには、位牌の裏側にその人の帰幽《きゆう》の年月日及《およ》びその名を書く。本人が死の直後で、まだ無意識中に解脱名《げだつみょう》を授かったことを知らない場合があるから、俗名《ぞくみょう》を書くのがよい。

○○家先祖代々親族縁族一切之霊＼父方＼夫の
○○家先祖代々親族縁族一切之霊／母方／

○○家先祖代々親族縁族一切之霊＼父方＼妻の
○○家先祖代々親族縁族一切之霊／母方／

前頁の四つの御先祖《ごせんぞ》の親類縁者《えんじゃ》の内、自殺、事故死、戦死等の変死者、行方不明者、まだ祭祀《さいし》していない自然流産児及《およ》び人工中絶児、狂死者《きょうしし》等がある場合は、死後五十年後であっても、特に左記のように別に位牌《いはい》をつくって、姓名《せいめい》を書くとよい。（俗《ぞく》名《みょう》の下に尊号の命《みこと》をつけて呼ぶ。法名又《ほうみょうまた》は解脱名《げだつみょう》が既《すで》にあれば、俗名何某《なにがし》、解脱名何々《なになに》とつづけて呼ぶ）流産児及び中絶児は性別不明のことが多いので「薫《かおる》」とか「操《みさお》」など男女いずれにも適する名前をつけるのがよい。例えば、次のように位牌に書く。

○○○○比古命之霊（男）

○○○○比女命之霊（女）

二、お供えをする。

御飯《ごはん》、お水、その他その人が生前好きだった食物を供えます。また焼香は、地上の不浄《ふじょう》な匂《にお》いを消し、指導に来る天界の高級霊《れい》を迎《むか》えるのに役立ちます。

三、招霊《しょうれい》

前掲《ぜんけい》した四つの先祖代々《せんぞだいだい》の霊を順次呼び、最後に「其他《そのた》親類縁者一切之霊《えんじゃいっさいのみたま》」と呼びます。

四、聖経または讃歌《さんか》の読誦《どくじゅ》

次に聖経または讃歌を読誦します。その前に次のように唱えます。

「唯今《ただいま》、これより生長の家の『○○○○』という聖経(讃歌)を読みます。この聖経(讃歌)はあなたが先祖代々伝承して来られた××宗の教えの真理を、わかり易く現代語に表現したものですから、心を集中してお聴《き》き頂き悟《さと》りを開き、仏の境涯《きょうがい》に達し給《たま》え。今後は毎日この時間に読誦いたします」

五、読み終ったら次のように唱える。

「あなた達は今聖経（讃歌《さんか》）の説く真理を知り、既《すで》に肉体を脱《だっ》して自己は肉体ではないと悟《さと》られました。霊体《れいたい》なのです。肉体がないのですから、肉体の病気も肉体の苦しみもない筈《はず》です。どうぞこの真理を充分《じゅうぶん》お悟《さと》り下さり、一切の迷いの束縛《そくばく》から解脱《げだつ》し、益々《ますます》霊界《れいかい》で修行を重ねられて一層高き霊位《れいい》に昇《のぼ》り給え」

聖経または讃歌は、少なくとも一日一回以上朝晩一回ずつぐらい御先祖《ごせんぞ》に感謝のつもりで一家協力して読むとよい。

〈注〉

この文章は、谷口雅春著『新版 人生を支配する先祖供養』七〇～七四頁をもとに、要項として書き直した。

〝新しい文明〟を築こう

中巻　実践篇「運動の具体的展開」

―参考文献―

『聖書　口語訳』（日本聖書協会、一九五五年）
世界聖典普及協会編『病気はこうして治る――原理篇――（誌友会のためのブックレットシリーズ5』（生長の家、二〇一八年）
世界聖典普及協会編『病気はこうして治る――実践篇――（誌友会のためのブックレットシリーズ6）』（生長の家、二〇一八年）
国枝昌樹著『イスラム国の正体』（朝日新聞出版、二〇一五年）
谷口純子著『この星で生きる』（生長の家、二〇一七年）
谷口純子著『46億年のいのち』（生長の家、二〇一九年）
谷口清超著『「無限」を生きるために』（日本教文社、二〇〇三年）
谷口清超著『神想観はすばらしい』（日本教文社、一九九一年）
谷口清超監修『新編　聖光録』（日本教文社、一九七九年）
谷口雅宣著『次世代への決断――宗教者が〝脱原発〟を決めた理由』（生長の家、二〇一二年）
谷口雅宣著『小閑雑感 Part 13』（世界聖典普及協会、二〇〇九年）
谷口雅宣著『大自然讃歌』（生長の家、二〇一二年）
谷口雅宣著『宗教はなぜ都会を離れるか？――世界平和実現のために』（生長の家、二〇一四年）
谷口雅宣著『小閑雑感 Part 3』（世界聖典普及協会、二〇〇三年）
谷口雅宣著『心でつくる世界』（生長の家、一九九七年）
谷口雅宣著『日時計主義とは何か？』（生長の家、二〇〇七年）
谷口雅宣著『足元から平和を』（生長の家、二〇〇五年）
谷口雅宣著『観世音菩薩讃歌』（生長の家、二〇一二年）

谷口雅春著『新版　栄える生活365章』(日本教文社、一九九六年)
谷口雅春著『聖経版　真理の吟唱』(日本教文社、一九七二年)
谷口雅春・谷口雅宣著『万物調和六章経』(生長の家、二〇一五年)
谷口雅春編著『新版　人生を支配する先祖供養』(日本教文社、二〇〇四年)
永田諒一著『宗教改革の真実　カトリックとプロテスタント の社会史』(講談社、二〇〇四年)
エドワード・バーネット・タイラー著/松村一男監修/奥山倫明他訳『原始文化』上(国書刊行会、二〇一九年)
サミュエル・ハンチントン著/鈴木主税訳『文明の衝突』(集英社、一九九八年)
Paul Johnson, *A History of Christianity*. New York : Atheneum, 1976

“新しい文明”を築こう
中巻　実践篇「運動の具体的展開」

2020年6月20日　初版第1刷発行

監　修　谷口雅宣
著　者　谷口雅宣　谷口純子
編　纂　生長の家国際本部
発行者　磯部和男
発行所　宗教法人「生長の家」
山梨県北杜市大泉町西井出8240番地2103
電話（0551）45-7777　http://www.jp.seicho-no-ie.org/
発売元　株式会社　日本教文社
東京都港区赤坂9丁目6番44号
電話（03）3401-9111
FAX（03）3401-9139
頒布所　一般財団法人　世界聖典普及協会
東京都港区赤坂9丁目6番33号
電話（03）3403-1501
FAX（03）3403-8439
印刷・製本　東港出版印刷株式会社
デザイン　黒野真吾

本書は、環境に配慮し、適切な管理が行われている循環型の植林木を原材料とした用紙を使用しています。

落丁・乱丁本はお取替えします。
定価はカバーに表示してあります。

Printed in Japan
ISBN978-4-531-01042-4